Königs Erläuterungen und Materialien
Band 467

Erläuterungen zu

Ödön von Horváth

Geschichten aus dem Wiener Wald

von Volker Krischel

Bange Verlag

Über den Autor der Erläuterung:

Volker Krischel, geb. 1954, arbeitete nach dem Studium der Germanistik, Geschichte, Katholischen Theologie, Erziehungswissenschaften, Klassischen Archäologie, Kunstgeschichte und Geografie mehrere Jahre als Wissenschaftlicher Mitarbeiter - besonders im Bereich der Museumspädagogik - am Württembergischen Landesmuseum Stuttgart. Heute ist er als Studienrat in Gerolstein, Eifel, tätig.
Er hat mehrere Arbeiten zu Autoren der Neueren deutschen Literatur sowie zur Museums- und Unterrichtsdidaktik veröffentlicht.

Hinweis:
Die Rechtschreibung wurde der amtlichen Neuregelung angepasst.
Zitate von Ödön von Horváth müssen aufgrund eines Einspruches in der alten Rechtschreibung beibehalten werden.

2. Auflage 2008
ISBN 978-3-8044-1869-1

Titelabbildung: Ödön von Horvát 1929, Foto von Alice Domker
Druck und Weiterverarbeitung: Tiskárna Akcent, Vimperk

Vorwort

Geschichten aus dem Wiener Wald – Horváths Stück erweckt durch die Namensgleichheit mit dem bekannten Walzer von Johann Strauß Assoziationen an Walzerseligkeit, Operettencharme und Wiener Gemütlichkeit. Auch die Handlungsorte Wien und Wachau scheinen in dieselbe Richtung zu deuten.
Aber Horváth zerschlägt dieses Klischeebild brutal. Nicht Wiener Operettenseligkeit erfüllt die Bühne, sondern der rücksichtslose Kampf aller gegen alle. Statt Charme und walzerhafter Leichtigkeit wird der Alltag der Figuren von Verlogenheit, Egoismus und Scheinheiligkeit bestimmt. Wer aus dieser Welt in naiver Selbstüberschätzung auszubrechen versucht, wird von ihr zerbrochen.
Auch wenn Horváths Stück zu Beginn der 1930er Jahre spielt und die (damalige) Kleinbürgermentalität überspitzt darstellt und entlarvt, besitzt es doch gerade in unserer heutigen oberflächlich-egoistischen „Spaßgesellschaft" wieder Aktualität. Bewusst hat Horváth die Regieanweisung aber auch schon ambivalent formuliert: Das Stück spielt „in unseren Tagen". Damit ist eine jeweils neue Annäherung schon assoziiert.

Diese Erläuterungen wollen Hilfestellung zur (neuen) Annäherung an Horváths *Geschichten aus dem Wiener Wald* geben, indem sie Grundlagen und Hintergrundinformationen zur Erarbeitung des Stücks bieten.
Als Textgrundlage dient die in der Suhrkamp Basisbibliothek erschienene Ausgabe der *Geschichten aus dem Wiener Wald*. Die im Text und in den Anmerkungen verkürzt zitierten Quellenangaben finden sich vollständig bibliografiert am Ende der Erläuterungen.

1. Ödön von Horváth: Leben und Werk

1.1 Biografie

Jahr	Ort	Ereignis	Alter
1901	Susak bei Fiume (Rijeka, heute Kroatien)	Edmund (= Ödön) Josef (=Jusip) von Horváth wird als Sohn von Maria Hermine und Dr. Edmund Josef von Horváth am 9. Dezember geboren.	
1902	Belgrad	Übersiedlung nach Belgrad.	1
1903	Belgrad	Geburt des Bruders Lajos.	2
1908	Budapest	Übersiedlung nach Budapest, Ödön erhält ersten Unterricht in ungarischer Sprache.	7
1909	München	Versetzung des Vaters und Umzug der Eltern nach München.	8
1909–1913	Budapest	Ödön bleibt vorerst in Budapest und besucht das erzbischöfliche Internat und Gymnasium „Rákóczianum".	8–12
1913	München	Umzug Ödöns nach München zu seinen Eltern.	12
1913–1916	München	Besuch zwei verschiedener Gymnasien mit mäßigem Erfolg.	12–15
1916	Preßburg	Übersiedlung nach Preßburg.	15
1916–1918	Preßburg	Besuch der Oberrealschule in Preßburg; früheste erhaltene literarische Versuche.	15–17

Jahr	Ort	Ereignis	Alter
1918	Budapest	Umzug nach Budapest.	17
1919	Wien	Matura (Abitur) am Realgymnasium in Wien.	18
1919–1921	München	Studium an der Ludwig-Maximilians-Universität in München, u. a. Germanistik und Theaterwissenschaften, das Studium schließt er nicht ab. Erste ernstzunehmende literarische Versuche.	18–20
1920		Bekanntschaft mit dem Komponisten Siegfried Kallenberg, der ihn einlädt, die Ballettpantomime *Das Buch der Tänze* zu schreiben.	19
1922	München	Konzertante Aufführung von *Das Buch der Tänze,* es erscheint anschließend als erste Publikation Horváths im Münchener Schahin Verlag. Horváth versucht später die Auflage aufzukaufen und vernichtet sie.	21
1923	Murnau	Umzug der Eltern nach Murnau (Oberbayern). Beginn intensiver schriftstellerischer Arbeit, Horváth vernichtet später die meisten dieser frühen Arbeiten.	22

Jahr	Ort	Ereignis	Alter
1924	Paris Berlin	Mehrwöchige Parisreise, Umzug nach Berlin.	23
1926–1929	Osnabrück Hamburg Berlin	Aufführung erster Stücke in Osnabrück (*Das Buch der Tänze*), Hamburg (*Revolte auf Côte 3018*) und Berlin (*Die Bergbahn*), Entstehung des Stückes *Sladek oder die schwarze Armee* (in der überarbeiteten zweiten Fassung erhält es den Titel *Sladek, der schwarze Reichswehrmann*), **literarischer Durchbruch.** Der Ullstein-Verlag bietet Horváth einen Vertrag an, der ihm **freie schriftstellerische Arbeit** ermöglicht.	25–28
1930	Berlin	Horváths erster Roman *Der ewige Spießer* erscheint. Abschluss der Arbeiten an den Volksstücken *Italienische Nacht* und *Geschichten aus dem Wiener Wald.*	29

Jahr	Ort	Ereignis	Alter
1931	Berlin	Uraufführung des Stückes *Die italienische Nacht* in Berlin. Horváth wird als Zeuge zu einer von den Nationalsozialisten provozierten Saalschlacht in seinem Wohnort Murnau vernommen und wegen seiner Aussage von NSDAP-Zeitungen heftig angegriffen. Kleist-Preis (zusammen mit Erich Reger) auf Vorschlag von Carl Zuckmayer, Beginn der Freundschaft zwischen Zuckmayer und Horváth. **Uraufführung der *Geschichten aus dem Wiener Wald*** am Deutschen Theater in Berlin (2. November). **Erstausgabe der *Geschichten aus dem Wiener Wald*** erscheint im Berliner Propyläen-Verlag (Ullsteins Unterverlag für anspruchsvolle Texte).	30
1932	Leipzig	Uraufführung des Volksstückes *Kasimir und Karoline* in Leipzig, Arbeit an *Glaube, Liebe, Hoffnung.*	31

Jahr	Ort	Ereignis	Alter
1933	Wien	Umzug nach Wien. Beendigung der Arbeit an *Die Unbekannte auf der Seine* und *Hin und her.*	32
	Budapest	Umzug nach Budapest, um die ungarische Staatsbürgerschaft behalten zu können. Heirat mit der jüdischen Sängerin Maria Elsner.	
	Murnau	Das Haus der Eltern in Murnau wird von der SA durchsucht.	
	München	Horváths Bücher werden in München verbrannt, seine Stücke dürfen nicht mehr in Deutschland aufgeführt werden.	
1934	Berlin Zürich	Rückkehr nach Berlin. Veröffentlichung des Stücks *Himmelwärts*, Uraufführung von *Hin und her* in Zürich, Entstehung des Dramenfragments *Der Lenz ist da*. Scheidung von Maria Elsner.	33
1935	Wien	Umzug nach Wien, Verschlechterung der finanziellen Situation. *Mit dem Kopf durch die Wand* (Auftragsarbeit), Uraufführung von *Mit dem Kopf durch die Wand* in Wien, unter dem Pseudonym H. W. Becker Arbeit als Coautor und Autor für Filmdrehbücher.	34

Jahr	Ort	Ereignis	Alter
1936	Salzburg Wien	Umzug nach Salzburg. Fertigstellung der Stücke *Don Juan kommt aus dem Krieg, Ein Dorf ohne Männer, Der jüngste Tag, Glaube, Liebe, Hoffnung* und *Figaro lässt sich scheiden.* Treffen mit Carl Zuckmayer, Franz Werfel und Franz Theodor Csokor in Wien. Uraufführung von *Glaube, Liebe, Hoffnung* in Wien.	35
1937		Uraufführungen in Wien, Prag und Mährisch-Ostrau, der Roman *Jugend ohne Gott* erscheint in Amsterdam und wird in 8 Sprachen übersetzt.	36
1938		*Ein Kind unserer Zeit* (Roman) erscheint in Amsterdam und New York.	37
	Wien Budapest	Nach dem Einmarsch der Hitlertruppen in Österreich (sog. „Anschluss Österreichs") verlässt Horváth Wien und geht nach Budapest, von dort reist er nach Prag und von dort über Jugoslawien, Triest, Venedig, Mailand, Zürich und Amsterdam nach Paris.	

Jahr	Ort	Ereignis	Alter
1938	Paris	Hier steht Horváth in Verbindung mit dem amerikanischen Regisseur Robert Siodmak wegen der Verfilmung von *Jugend ohne Gott.* Horváth wird am 1. Juni während eines Gewitters auf dem Champs Élysées von einem herabstürzenden Ast getötet und auf dem Friedhof St. Quen in Paris bestattet.	37
1988	Wien	Horváths sterbliche Überreste werden nach Österreich überführt und in einem Ehrengrab der Stadt Wien auf dem Zentralfriedhof bestattet.	

1.2 Zeitgeschichtlicher Hintergrund

Ende der 20er/Anfang der 30er Jahre des 20. Jahrhunderts (*Geschichten aus dem Wiener Wald* entstand zwischen 1928 und 1931) hatte Österreich noch schwer an den Folgen des Ersten Weltkrieges zu tragen. Zwar musste Österreich nicht wie Deutschland die Alleinschuld für diesen Krieg übernehmen (Versailler Vertrag), aber in Österreich war mit der Umgestaltung nach dem verlorenen Krieg noch spürbar stärker als in Deutschland die alte Vorkriegsgesellschaft untergegangen.

War man bis 1918 die kaiserlich und königliche Monarchie Österreich gewesen (Kaisertum Österreich [1804–1867] und k. u. k. Doppelmonarchie Österreich-Ungarn [1867–1918]), eine wichtige (europäische) Großmacht, die über viele Völker und große Reichsgebiete herrschte, so schrumpfte Österreich mit dem durch den Verlust des Ersten Weltkrieges bedingten Zerfall seines Vielvölkerstaates zu einem kleinen unbedeutenden deutschsprachigen „Reststaat" zusammen.

k. u. k. Doppelmonarchie Österreich-Ungarn

Die österreichische Monarchie war ein über Jahrhunderte gewachsenes und (vor allem) in der deutschsprachigen Bevölkerung angesehenes und verehrtes Kaiserreich, das auch dem einfachen Menschen (Untertan) Identifikationsmöglichkeit und dadurch „Selbstwertgefühl" gab. Außerdem war Kaiser Franz-Joseph I. (1830–1916, Kaiser von Österreich sowie Apostolischer König von Ungarn 1848–1916), auch infolge seiner 68-jährigen Regierungszeit, für viele Österreicher eine Art Vaterfigur geworden. Im Pomp und Glanz des Kaisertums konnte man sich selbst als einfacher Bürger „spiegeln". Zudem gab das vertraute System ein Gefühl von Sicherheit.

All das war nach 1918 vorbei. Österreich wurde wie Deutschland eine Re-

Republik

publik. Anstelle kaiserlichen Pomps trat bürgerlich nüchterne, farb- und glanzlose Regierungsarbeit, die den einfachen Menschen jedoch fremd blieb. Es gab keine Identifikationsfigur mehr, die Regierungen wechselten häufig und zeigten sich offensichtlich den schwierigen Nachkriegsaufgaben nicht gewachsen. Es herrschen „Krise und Wirbel" (*Geschichten aus dem Wiener Wald* I, 1, S. 9).

Weltwirtschaftskrise

Zudem wurde auch das Nachkriegsösterreich voll von der Weltwirtschaftskrise („Schwarzer Freitag" 1929) getroffen. So stieg bis 1933 die Arbeitslosenrate kontinuierlich von 8,8 % im Jahr 1929 auf 26,0 % an. Der durch Lohnabbau und Arbeitslosigkeit bedingte Konsumnachfragerückgang führte zu Einkommenseinbußen bei den Selbstständigen. Die Zahl der Konkurse verdoppelte sich von 1929 bis 1932. Hiervon besonders betroffen waren Handel, Handwerk und Kleinbauern.[1] Wie prekär die Lage war, wurde 1931 deutlich, als die größte österreichische Bank, die Österreichische Credit-Anstalt, zusammenzubrechen drohte.
All das verstärkte noch die ökonomische Verunsicherung des Mittelstandes und schuf damit den idealen Nährboden für eine politische Radikalisierung. Einer der ersten Nutznießer dieser

Austrofaschismus

politischen (Stimmungs-)Situation war der Austrofaschismus. Er propagierte einen Ständestaat, „ in dem jedem sein angeblich angestammter und sicherer Platz wieder zukommen sollte."[2] Allerdings konnte der Austrofaschismus mit seinem Festhalten an der Hartwährungspolitik und seiner (vor allem wohl ideologisch motivierten) Ablehnung der organisierten Arbeiterschaft sowie seiner daraus resultierenden Kürzung der Unterstützung für Arbeitslose die Wirtschaftsprobleme des Landes nicht lösen.

1 Vgl. Kernbauer, Hans, Weber, Fritz: *Von der Inflation zur Depression*, S. 9
2 Hobek, Friedrich: *Ödön von Horváth „Geschichten aus dem Wiener Wald"*, S. 10

Die nationalsozialistische Propaganda hingegen konnte auf verbesserte Konjunkturdaten in Deutschland verweisen und so auch den Österreichern „Arbeit und Brot"[3] versprechen. Viele Österreicher, unter ihnen auch viele enttäuschte ehemalige Anhänger der Austrofaschisten und selbst Teile der organisierten Arbeiterschaft, glaubten den Versprechungen. Mit ihrem Antisemitismus benannten die Nationalsozialisten zudem einen Sündenbock für die Misere, den viele Österreicher gerne annahmen.

Besonders beim Mittelstand, der sich aus „verspießbürgerten Kleinbürgern, Selbstständigen, Angestellten, aufgestiegenen Proletariern sowie Degradierten aus Aristokratie und Bourgoisie"[4] zusammensetzte, fielen die nationalsozialistischen Ideen auf fruchtbaren Boden. Hier ist die „Massenbasis des Faschismus"[5] zu suchen. Denn dass „der überwiegende Teil dieser vielfach auf proletarischer Stufe Lebenden, sich aber zum Mittelstand gehörig Fühlenden" später NSDAP wählte, „kann heute [...] als erwiesen angesehen werden".[6]

> *„Als bloße Sammelbewegung deklassierter Sozialgruppen, die mit dem Übergang zu den Lebensformen der Friedenszeit nicht fertig wurden, hätte der Faschismus niemals eine große Bedeutung erlangen können, wenn zu diesen Kadern nicht jene Masse von vollendeten oder verhinderten Kleinbürgern [...] sich gesellt hätte."*[7]

Mit ihrer Mischung aus

> *„latente[m] und manifestierte[m] Rassismus, eingefleischte[m] Antikommunismus [...], bornierte[m] Nationalismus und Hoff-*

3 Ebenda, S. 10
4 Schmidjell, Christine: *Erläuterungen und Dokumente*, S. 114
5 Pichler, Meinrad: *Von Aufsteigern und Deklassierten*, S. 63
6 Ebenda, S. 63
7 Ebenda, S. 63

> *nung auf eine autoritäre Transformation des republikanischen Staates [...]"*[8],

gepaart mit einer Mixtur aus Dummheit und Egoismus, sollte der kleinbürgerliche Mittelstand die österreichische (und auch die deutsche) Nachkriegsgeschichte in eine katastrophale Richtung führen. Scheiterte 1934 noch ein Putschversuch der österreichischen Nationalsozialisten, so wurde Österreich 1937 nach dem bejubelten Einmarsch deutscher Truppen „heim ins Reich" geholt und dem Deutschen Reich angegliedert.

8 Schnitzler, Christian: *Der politische Horváth*, S. 113

1.3 Angaben und Erläuterungen zu wesentlichen Werken

Ödön von Horváths Gesamtwerk ist relativ klein: Es umfasst nur ca. 20 **Dramen**, drei **Romane** und etwas **Kurzprosa**. Auf das Gesamtoeuvre einzugehen, würde aber den Rahmen dieser Publikation sprengen. Es werden daher im Folgenden nur einige wichtige Werke vorgestellt.

Frühwerk

In seinen 1923/24 entstandenen, zum Frühwerk gehörenden 19 *Sportmärchen* und 8 *Weiteren Sportmärchen* zeichnet Horváth satirisch die Entwicklung des Sports in seiner Zeit. In den 20er Jahren gewann der Sport nämlich allgemein an gesellschaftlichem Stellenwert, wurde quasi „salonfähig".[9] Horváth, selbst ein begeisterter Sportler, kritisierte in seinen „Märchen" besonders das übertriebene Leistungsdenken im professionellen Sportbetrieb sowie dessen Kommerzialisierung, aber auch die Selbstüberschätzung und Dummheit der Amateure. Seiner Meinung nach ging dadurch der eigentliche Sinn des Sports, nämlich körperliche Selbsterfahrung und das damit verbundene Glücks- und Wohlbefinden, verloren. Die bewusst gewählte Form des Märchens diente Horváth dabei als „Vehikel der Satire"[10].

Sein erstes vollständig erhaltenes Theaterstück ist das Kriminalstück *Mord in der Mohrengasse* von 1923/24. Das dreiaktige Schauspiel spielt innerhalb von 12 Stunden. Zwar findet man in dieser frühen Arbeit Horváths „noch das ungebrochene Pathos des jungen Schriftstellers"[11], aber es gibt bereits die Motive, Schauplätze und Figurenkonstellationen, die für Horváths spätere Arbeiten so charakteristisch sind:

9 Vgl. Bartsch, Kurt: *Ödön von Horváth*, S. 20
10 Tismar, Jens: *Das deutsche Kunstmärchen des 20. Jahrhunderts*, S. 13
11 Gamper, Herbert: *Horváths komplexe Textur*, S. 13

> *„Die schicksalhaften Schuldverstrickungen der einzelnen Familienmitglieder lassen innerhalb der bürgerlichen Familie die geradezu existenzialistische Erfahrung des Hineingeworfenseins in einen Schuldzusammenhang beziehungsweise in die ‚Hölle' […] machen, die die anderen bedeuten."*[12]

Dabei wird „die fehlende Einsicht der Personen in ihre eigene Schuld" zum zentralen Thema des Dramas.
Berühmt wurde Horváth aber durch seine zwischen 1927 und 1933 entstandenen sogenannten **Volksstücke**. Horváth stellt sie ausdrücklich in die Traditionen des „klassischen" Volksstücks. Er sah sich hier in der Nachfolge Nestroys. Für Horváth war „das Volk" der „Kleinbürger" seiner Zeit. Er verstand sich als „Erneuerer des Volksstücks"[13].

Kasimir und Karoline

Neben den *Geschichten aus dem Wiener Wald* (1931) gehört *Kasimir und Karoline* (1932) zu Horváths erfolgreichsten Volksstücken. Vordergründig erzählt das Stück vom Zerbrechen der Beziehung des arbeitslosen Chauffeurs Kasimir und seiner Braut, der Büroangestellten Karoline, auf dem Münchner Oktoberfest. Karoline glaubt, ähnlich der Marianne in *Geschichten aus dem Wiener Wald*, selbst „handelndes Subjekt"[14] zu sein, wird aber im Verlauf des Stücks immer deutlicher austauschbares „Objekt männlicher Wünsche"[15]. Allerdings kommt ihr die Erbärmlichkeit ihrer Situation nur kurzzeitig zu Bewusstsein. Schnell gibt sie sich wieder der illusionären Selbsttäuschung hin.
Horváth setzt das Ganze in sich quasi überstürzenden Miniatursequenzen in Szene. Diese geben zwar einerseits die Atmosphäre des Volksfestes wieder, leben aber

12 Bartsch, S. 28
13 Ebenda, S. 44
14 Ebenda, S. 91
15 Ebenda, S. 92

„vor allem aus dem scharfen Kontrast zwischen der gehässigen, verkrampften oder hilflosen Gefühlswelt der auftretenden Figuren und dem kitschig-süßen Abgesang gängiger Schlagertexte – ein planvoll und mit gelassenem theatralischem Raffinement gehandhabter Kunstgriff, der in sich schon einen ätzendscharfen Kommentar darstellt."[16]

Glaube, Liebe, Hoffnung

In seinem letzten Volksstück *Glaube, Liebe, Hoffnung* (1936) negiert Horváth schon durch den Untertitel „Kleiner Totentanz" die sich an 1. Korinther 13,13 („Nun aber bleiben Glaube, Hoffnung, Liebe, diese drei; aber die Liebe ist die größte unter ihnen.") anlehnenden „Titelwerte". Weder Glaube noch Liebe noch Hoffnung retten die weibliche Titelfigur Elisabeth. Vielmehr wird sie durch „die bornierten und selbstmitleidig paranoiden, eigennützigen Spießer in den Selbstmord getrieben".[17]
Auch Elisabeth muss hier die Erfahrung machen, dass in der patriarchalischen kleinbürgerlichen Gesellschaft für die Selbstentfaltung der Frau kein Platz ist.

„[Aber] Horváth demaskiert in ‚Glaube, Liebe, Hoffnung' nicht nur den miesen Charakter des Kleinbürgers, der an den schwächsten Gliedern der Gesellschaft, den Frauen, seinen Totentanz inszeniert, sondern erkennt im letzten seiner Dramen vor der Machtübernahme durch die Nationalsozialisten wie auch schon in den vorangegangenen Volksstücken hellsichtig die Todgeweihtheit dieses Kleinbürgertums und das Erstarken des militaristischen Spießertums."[18]

16 Ensslen, Klaus: *Kasimir und Karoline*, S. 5173
17 Bartsch, S. 96
18 Ebenda, S. 97

Jugend ohne Gott

In seinen beiden letzten Werken, den Romanen *Jugend ohne Gott* (1937) und *Ein Kind unserer Zeit* (1938), zeigt Horváth die Auswirkungen der vom Kleinbürgertum getragenen faschistischen Ideologie. In *Jugend ohne Gott* beschreibt er die Deformierung der Jugendlichen im und durch den Faschismus. In Form einer Kriminalerzählung schildert Horváth die Selbst- und Gottesfindung eines Lehrers, aber auch sein Scheitern an dieser Jugend ohne Gott.

> *„Die heute so oft beiseitegeschobene Frage der eigenen Schuld und der Verantwortung des Einzelnen wird von Horváth bewusst thematisiert und einer (christlich-)humanistisch geprägten Lösung (?) zugeführt."*[19]

Ein Kind unserer Zeit

In *Ein Kind unserer Zeit* zeigt Horváth die Auswirkung der faschistischen Ideologie auf junge Erwachsene. Im Roman schildert ein junger Soldat, wie er aufgrund seiner Erfahrungen einen Bewusstseinswandel durchmacht. Vom obrigkeitshörigen unkritischen Mitläufer, für den das Schicksal des Einzelnen nicht zählt, geht ihm „der Sinn für die Verantwortlichkeit der Einzelmenschen auf"[20]. Er erkennt, dass er „Opfer der völkischen Politik und des militaristischen Kollektivismus"[21] geworden ist. Trotzdem zeigt der Sprachgebrauch des Soldaten/Erzählers, dass er nach wie vor „dem faschistischen Sprachgebrauch verfallen"[22] ist. Er bleibt ein Kind seiner Zeit.

---

19 Krischel, Volker: *Ödön von Horváth „Jugend ohne Gott"*, S. 5
20 Fritz, Axel: *Ödön von Horváth als Kritiker seiner Zeit*, S. 102
21 Bartsch, S. 167
22 Ebenda, S. 170

2. Textanalyse und -interpretation

2.1 Entstehung und Quellen

1924 hatte sich Horváth in Berlin niedergelassen. Hier in der deutschen Hauptstadt wollte er das „Werden eines neuen gesellschaftlichen Bewusstseins"[23] erleben. Berlin, das in den 20er Jahren das Zentrum des deutschsprachigen Theaters war, bot Horváth endlich die Möglichkeit, als Schriftsteller frei zu leben, und so entstanden in schneller Folge zwischen 1927 und 1931 fünf Stücke (*Rund um den Kongreß*, *Die Bergbahn*, *Sladek, der schwarze Reichswehrmann*, *Zur schönen Aussicht*, *Italienische Nacht*), von denen vor allem *Die Bergbahn*, *Sladek, der schwarze Reichswehrmann* und *Italienische Nacht* durch ihre erfolgreiche Aufführung Horváth den literarischen Durchbruch brachten und seinen Ruf als Bühnenautor festigten.
1931 wurde Horváth auf Empfehlung Carl Zuckmayers gemeinsam mit Erich Reger der Kleist-Preis verliehen.

Genaue Entstehungsgeschichte nicht bekannt

Über die genaue Entstehungsgeschichte von *Geschichten aus dem Wiener Wald* ist, da Horváth weder Tagebuch führte, noch seine Arbeit sonst wie dokumentierte und sich auch in Briefen nur sehr selten über seine Werke äußerte, kaum etwas bekannt. Es gibt zwar mehrere Entwürfe und Vorarbeiten, die zeigen, dass Horváth immer wieder bis in Kleinigkeiten an seinen Vorstufenmanuskripten gefeilt hat, sie geben allerdings nur wenig Aufschluss, wie er das Stück genau entwickelte.[24]

23 Horváth, Ödön von: *Flucht aus der Stille*. In: Ödön von Horváth: Gesammelte Werke. Kommentierte Werkausgabe in Einzelbänden, Band 11 (1988), S. 188

24 Vgl. Schmidjell, S. 73 ff.

Es lassen sich jedoch Bezüge früherer Arbeiten zu den *Geschichten aus dem Wiener Wald* feststellen. Vor allem sind hier die beiden Fragmente *Ein Fräulein wird verkauft* und *Die Schönheit aus der Schellingstraße*, die Posse *Rund um den Kongreß* und der Roman *Der ewige Spießer* zu nennen.

> *„Denn der Autor bediente sich gerne eines Grundmusters an Figuren sowie Verhaltens- und Bewusstseinsformen, an dem sich immer wieder jene Dämonologie des Kleinbürgertums studieren lässt, die Horváth als Signum seiner Zeit verstand."*[25]

Neben der Veränderung der Namen der Hauptpersonen fällt besonders auf, dass Horváth in seinen frühen Entwürfen zu *Geschichten aus dem Wiener Wald* die Weltwirtschaftskrise und ihre Auswirkungen, wie etwa die Arbeitslosigkeit, und die damit verbundene stetige Verelendung des Kleinbürgertums noch sehr deutlich darstellte. Auch finden sich in diesen frühen Entwürfen noch „Mitglieder linker Parteien, die Wege aus der Misere aufzeigen könnten"[26], etwa der politisch engagierte Sozialist Schminke.

> *„Für das bis 1930 entstandene Werk war er [Horváth] von der Notwendigkeit einer Ablösung der bestehenden Gesellschaftsordnung überzeugt und ging von einer kapitalismuskritischen Einstellung aus, die einer marxistischen und revolutionären Position sehr nahe kam, ohne mit ihr gleichgesetzt werden zu können."*[27]

In der Endfassung von *Geschichten aus dem Wiener Wald* hat Horváth diese deutlichen Anspielungen auf die politische und wirtschaftliche Misere allerdings weitgehend getilgt. Auch die

---

25 Wöhrle, Dieter: *Kommentar*. In: Horváth, Ödön von: Geschichten aus dem Wiener Wald. Volksstück in drei Teilen. Mit einem Kommentar von Dieter Wöhrle. Frankfurt/M.: Suhrkamp, 2001 (Suhrkamp Basisbibliothek 26), S. 117

26 Hobek, S. 12

27 Ebenda, S. 12

Figur des Schminke wurde gestrichen. Horváth bietet keine „gesellschaftspolitischen Alternative"[28] mehr an.

Volksstück

Horváth bezeichnete seine *Geschichten aus dem Wiener Wald* als Volksstück. Aber er schrieb kein Volksstück im klassischen Sinn, sondern er sah sich als „Erneuerer"[29] des Volksstücks. Vordergründig scheinen die *Geschichten aus dem Wiener Wald* zwar dem Schema der herkömmlichen Volksstücke zu entsprechen: Paare trennen sich und finden im Happy End wieder zusammen, „aber das Stück entpuppt sich schnell als doppelbödig. Kaum etwas ist so, wie es vordergründig erscheint"[30]:

> *„Das Volksstück schlägt um ins Antivolksstück. [...] Die alten Volksstückfiguren lassen wie im Angsttraum sich wiedererkennen. [...] Die neue Geborgenheit, die da vorgestellt wird, explodiert und offenbart sich als Kleinhölle. Die heile Welt [...] ist die des vollendeten Unheils, die Volksgemeinschaft der Kampf aller gegen alle."*[31]

Aber Horváth verwendete nicht nur das klassische Volksstück, als „Quelle" und Inspiration, um es dann zur Entlarvung des Kleinbürgers umzufunktionieren, auch beim zeitgenössischen Trivialroman kann man Parallelen finden. Besonders zu Margarethe Böhmers (damaligem) Bestsellerroman *Das Tagebuch einer Verlorenen* bestehen äußere Ähnlichkeiten. Auch hier verführt ein charmanter Mann zweifelhaften Charakters ein junges emanzipationswilliges naives Mädchen. Während aber der Trivialroman ein rührselig-verlogenes Happy End liefert, entlarvt Horváth in seinem Stück mit zynischem Blick

28 Ebenda, S. 12
29 Bartsch, S. 44
30 Krischel, S. 21
31 Adorno, T. W.: *Reflexionen über das Volksstück* (zitiert nach www.zum.de, gesehen März 2007)

„die Tragödie des menschlichen Miteinanders: Zuneigung und Gefühl werden zu Spielsteinen in einem grausamen Spiel. Gegenseitiges Ausnutzen und Gleichgültigkeit bestimmen den Alltag."[32]

Volksmärchen

Auch das „archetypische Volksmärchen-Schema"[33] findet sich im Stück des begeisterten Märchenlesers Horváth. Allerdings wird es ironisch unterlaufen. So übertrug Horváth die ländlich-feudalen Verhältnisse, wie sie sich u. a. in *Rotkäppchen*, *Dornröschen* und *Die Schöne und das Biest* finden, auf die kleinbürgerlich-städtischen Verhältnisse seiner Zeit:
Aus dem verarmten königlichen Vater wird der verarmte „Zauberkönig". Der von der Märchenheldin ungeliebte reiche Nachbarkönig wird zum von Marianne nicht geliebten reichen Nachbarn Oskar und aus dem Wolf, der die naive Märchenheldin vom rechten Weg abbringt, wird der Verführer Alfred. Die Sanftmut und Geduld, mit denen die Märchenheldin ihr Schicksal trägt und die ihr schließlich durch die gesellschaftliche Reintegration und (durch die Heirat mit einem Prinzen) den gesellschaftlichen Aufstieg gelohnt werden, erhalten bei Horváth eine ganz andere „Dimension":

„Während [...] im Märchen ‚Sanftmut' durch wiedergefundene soziale Achtung belohnt wird, ist es in Horváths Stücken eine ‚Sanftmut' aus verzweifelter Resignation, als das Kind von der Märchenhex, vom ‚Monster', ermordet worden und Marianne gezwungen ist, in das patriarchalische Heim und zum ‚Tier' (beast) zurückzukehren. Im Laufe der Handlung des Märchens erwies sich das ‚Tier' als um so grausamer und bösartiger, je mehr Macht es über das gezähmte Mädchen hatte. In Horváths Stück ist diese Macht endgültig – es ist also nicht ‚wie im Märchen'."[34]

---

32 Krischel, S. 21
33 Beardsworth, Robert: *From Virgin to Witch* (zitiert nach Hobek, S. 13)
34 Ebenda, S. 13

In den *Geschichten aus dem Wiener Wald* wohnen Marianne und ihr Vater in einer „stillen Gasse im achten Bezirk" (I, 2, II, 1, 6, III, 3), d. h. in dem Wiener Stadtviertel, das als Wohnviertel des alteingesessenen Wiener Bürgertums gilt. Das Haus, das Horváth hier als Kulisse diente, existierte wirklich, und zwar nur wenige Schritte von der Pension Zipser (Wien, 8. Bezirk, Lange Gasse 49), in der er bei seinen Aufenthalten in Wien meist logierte:

> *„Ein Haus mit einem Laden für ‚Oskars gediegene Fleischhauerei', mit einem Laden für ‚eine Puppenklinik mit Firmenschild ‚Zum Zauberkönig'', darüber ‚ein Balkon mit Blumen' und – ‚endlich: ein kleine Tabak-Trafik', Ecke Lange Gasse und Josefsgasse. Ein bisher nicht beachteter ‚Schauplatz österreichischer Dichtung'."*[35]

Horváth dürfte seine *Geschichten aus dem Wiener Wald* im Juli 1931 abgeschlossen haben, denn in einem Interview, das er aus Anlass der Wiener Premiere seiner *Italienischen Nacht* gab, sagte er: „*Geschichten aus dem Wiener Wald*, ein Wiener Volksstück ist die Arbeit, die ich eben beendete; Reinhardt und Martin haben es bereits angekündigt und einer von den beiden wird es im Herbst in Berlin herausbringen."[36]

Die Premiere zog sich dann aber doch noch bis zum 2. November 1931 hin. Unter der Regie des damaligen Starregisseurs Heinz Hilpert fand die Uraufführung am Berliner Deutschen Theater in der Schuhmannstraße statt. Das Stück kam beim Berliner Publikum gut an. Bis zum 10. Dezember wurde es insgesamt 37-mal gespielt. Am Erfolg beteiligt war sicherlich auch die erstklas-

Uraufführung

35 Krischke, Traugott: *Ödön von Horváth und seine „Geschichten aus dem Wiener Wald"*, S. 36

36 Zitiert nach Wöhrle, Dieter: *Kommentar*. In: Horváth, Ödön von: Geschichten aus dem Wiener Wald. Volksstück in drei Teilen. Mit einem Kommentar von Dieter Wöhrle. Frankfurt/M.: Suhrkamp, 2001 (Suhrkamp Basisbibliothek 26), S. 118

sische Besetzung mit Bühnenstars der Weimarer Republik, besonders Carola Neher (1900–1942) als Marianne, Hans Moser (1888–1964) als Zauberkönig, Paul Hörbiger (1894–1981) als Rittmeister und der spätere Hollywoodstar Peter Lorre (1904–1964) als Alfred sind hier zu nennen. Die Kritik nahm Horváths Stück unterschiedlich auf. Während die „seriöse" Kritik (Alfred Kerr, Erich Kästner, Alfred Polgar u. a.) von Werk und Autor gleichermaßen begeistert waren, wurden Horváth und sein Stück von der nationalistischen und der konservativen Presse verrissen (vgl. auch Kapitel 4).
Zu der bereits angekündigten Aufführung im Wiener Theater in der Josefstadt kam es allerdings ebenso wenig mehr wie zur bereits annoncierten Inszenierung an den Hamburger Kammerspielen des Thalia-Theaters. Horváth geriet immer mehr ins Schussfeld der Nationalsozialisten. Ab 1932 durften seine Stücke in Deutschland nicht mehr aufgeführt werden.

2.2 Inhaltsangabe

Erster Teil

I Draußen in der Wachau (S. 9–15)

Alfred besucht seine Mutter und seine Großmutter in der Wachau. Seine Mutter freut sich über seinen Besuch und ermahnt ihn, den achzigsten Geburtstag seiner Großmutter, deren Liebling er ist, nicht zu vergessen. Alfred muss ihr eingestehen, dass er nicht mehr bei der Bank arbeitet, sondern jetzt dubiose Finanzgeschäfte macht.
Sein Freund Ferdinand Hierlinger kommt mit Valerie, „einer hergerichteten Fünfzigerin" (S. 12), um ihn abzuholen. Während Ferdinand mit Alfreds Mutter den Turm einer Burgruine besichtigt, beschuldigt Valerie Alfred, sie bei den Pferdewetten, die er für sie abschließt, zu betrügen. Aber Alfred gelingt es, Valerie wieder zu versöhnen.
Die Großmutter sorgt sich um Alfred. Außerdem fragt sie ihn, wann er ihr das geliehene Geld zurückgebe, da sie es für ihre Beerdigung brauche. Alfred gelingt es, sie hinzuhalten.

Stichworte/wichtige Textstellen

!

„Alfred: Die Arbeit im alten Sinne rentiert sich nicht mehr. Wer heutzutage vorwärtskommen will, muß mit der Arbeit der anderen arbeiten." (S. 10)
„Alfred: Und ich kann dir nur flüstern: eine rein menschliche Beziehung wird erst dann echt, wenn man was voneinander hat. Alles andere ist Larifari." (S. 14)

II Stille Straße im achten Bezirk (S. 15–25)

Vor seiner Fleischerei unterhält sich der Metzger Oskar mit seinem Gehilfen Havlitschek. In seiner Reaktion auf die Kritik der kleinen Ina an der Qualität seiner Blutwurst zeigt sich Havlitschek als primitiv und brutal. Im Gegensatz zu Ina lobt der pensionierte Rittmeister die Blutwurst überschwänglich. Während Oskar sich für die Totenmesse aus Anlass des ersten Jahrgedächtnisses seiner Mutter umzieht, informiert sich der Rittmeister bei Valerie, die einen kleinen Tabak- und Zeitungsladen besitzt, über die Lottogewinnquoten und plaudert mit ihr über die Liebe und den vergangenen (Ersten) Weltkrieg.
Nachdem Marianne, die Tochter des „Zauberkönigs", eines Spielwarenladenbesitzers, eine Kundin verabschiedet hat, wird sie von ihrem Vater nach seinen Sockenhaltern gefragt, die er nicht finden kann. Als ihr Vater immer ungehaltener wird, macht sie sich selbst auf die Suche. Sie findet die Sockenhalter in der schmutzigen Wäsche ihres Vaters und wird von diesem zufrieden zu Oskar geschickt. Während Oskar glücklich ist, nach dem Trauerjahr nun endlich auch offiziell um Mariannes Hand anhalten zu können, und schon den Hochzeitstermin plant, verhält Marianne sich recht reserviert.
Als Marianne wieder in den Laden gegangen ist, gibt ihr Vater seinem zukünftigen Schwiegersohn Oskar sehr patriarchalisch-machohafte Ratschläge für den Umgang mit Ehefrauen.
Nachdem Oskar und der „Zauberkönig" in der Kirche sind, bemerkt Valerie voller Eifersucht, wie Alfred Marianne interessiert beim Arrangieren der Schaufensterauslagen beobachtet. Auch Marianne ist von Alfreds Aussehen sehr angetan. Als Valerie Alfred zur Rede stellt, kommt es zum Streit und zur Trennung der beiden.

Stichworte/wichtige Textstellen

„Zauberkönig: Elend sind wir dran, Herr Rittmeister, elend. Nicht einmal einen Dienstbot kann man sich halten. Wenn ich meine Tochter nicht hätt –" (S. 21)
„Oskar: Und am Sonntag ist offizielle Verlobung und Weihnachten Hochzeit." (S. 22)
„Marianne: Oskar, wenn uns etwas auseinanderbringen kann, dann bist du es. Du sollst nicht so herumbohren in mir, bitte –" (S. 23)
„Valerie: Und an so was hängt man sein Leben." (S. 24)

III Am nächsten Sonntag im Wiener Wald (S. 25–39)

Mariannes Vater hat die engere Verwandtschaft zu einem Picknickausflug eingeladen, um ihre Verlobung mit Oskar offiziell bekanntzugeben. Auch Alfred und Valerie schließen sich der Verlobungsgesellschaft an.
Oskar frönt seinem Hobby, dem Fotografieren, und gibt sich kinderlieb und romantisch, während Alfred sich Marianne zu nähern versucht. Dabei schüttet Marianne Alfred ihr Herz aus und erzählt ihm von ihren verhinderten Zukunftsplänen und dass sie Oskar eigentlich gar nicht liebt. Valerie, die angetrunken ist, wirft Alfred leicht gekränkt diese skrupellosen Annäherungsversuche vor, zeigt ihrerseits aber Interesse an Mariannes deutschem Cousin, dem jungen nationalsozialistisch eingestellten Jurastudenten Erich.
Mariannes Vater schlägt vor, schwimmen zu gehen, und beobachtet Valerie heimlich beim Ausziehen. Valerie lässt sich auf einen Flirt mit ihm ein. Sie werden aber von Erich gestört, der am Ufer Schießübungen machen will. Verärgert zieht der „Zauberkönig" ab, während Valerie sich an Erich heranmacht. Nachdem sie erfahren hat, dass Erich (angeblich) mehr Inter-

esse an reiferen Frauen als an jungen Mädchen hat, bietet sie ihm ein möbliertes Zimmer an und „schleppt" ihn ab.

Stichworte/wichtige Textstellen

„Marianne: Ich wollte mal rhythmische Gymnastik studieren, und dann hab ich von einem eigenen Institut geträumt, aber meine Verwandtschaft hat keinen Sinn für so etwas. Papa sagt immer, die finanzielle Unabhängigkeit der Frau vom Mann ist der letzte Schritt zum Bolschewismus.
Alfred: Ich bin kein Politiker, aber glauben Sie mir: auch die finanzielle Abhängigkeit des Mannes von der Frau führt zu nichts Gutem. Das sind halt so Naturgesetze." (S. 28)
„Marianne: Schicksal, ja. Eigentlich ist das nämlich gar nicht das, was man halt so Liebe nennt, vielleicht von seiner Seite aus, aber ansonsten –" (S. 29)

IV An der schönen blauen Donau (S. 39–43)

Am Abend des Ausflugs- und Verlobungstags wartet Alfred am Uferrand auf Marianne, die aus dem Fluss steigt. Alfred umarmt und küsst Marianne, daraufhin gesteht sie Alfred ihre Liebe und kündigt an, Oskar nicht zu heiraten. Alfred zeigt Skrupel, Mariannes Verlobung auseinanderzubringen, außerdem fehle ihm das Geld zum Heiraten. Alfreds Einwände lassen Marianne erst recht an einen feinen Charakter glauben.
Als Mariannes Vater die beiden entdeckt, versucht er die kompromittierende Situation vor Oskar zu verbergen, Oskar jedoch überblickt die Sachlage. Alfred versucht die Situation durch eine Lüge zu retten, aber Marianne löst ihre Verlobung selbst auf, indem sie Oskar seinen Verlobungsring ins

Marianne löst die Verlobung mit Oskar

Gesicht wirft. Oskar droht ihr an, dass sie ihm nicht entgehen werde.
Mariannes Vater erfährt, dass Alfred mittellos ist, und sagt sich von seiner Tochter los. Während Alfred schon die Probleme ihrer zukünftigen Beziehung sieht, ist Marianne glücklich und euphorisch.

Stichworte/wichtige Textstellen

„Marianne: Liebst du mich, wie du solltest –?" (S. 40)
„Marianne: Du – wie der Blitz hast du in mich eingeschlagen und hast mich gespalten – jetzt weiß ich es aber ganz genau." (S. 40 f.)
„Alfred: Lieben ja, aber dadurch zwei Menschen auseinanderbringen –nein!" (S. 41)
„Marianne: Ich lass mich von euch nicht mehr tyrannisieren. Jetzt bricht der Sklave seine Fessel – da!" (S. 42)
„Oskar: du entgehst mir nicht –" (S. 43)
„Marianne: Von dir möcht ich ein Kind haben –" (S. 43)

Zweiter Teil

I Wieder in der stillen Straße im achten Bezirk (S. 44–46)

Ein Jahr ist vergangen. Oskars Gehilfe Havlitschek flirtet vor der Metzgerei mit der Haushaltshilfe Emma. Sie unterhalten sich auch über Oskar, weil Emma Oskars große melancholische Augen so traurig findet. Haviltschek erzählt Emma, dass Oskar immer noch Marianne nachtrauert. Er empfindet dieses Verhalten Oskars als „blöd" (S. 45), während Emma eine solche Liebe als romantisch ansieht.

Als Oskar mit dem Auftrag zum Abstechen einer Sau aus seiner Metzgerei kommt, versucht Havlitschek ihn erfolglos von seiner unglücklichen Liebe zu Marianne abzubringen und ihm klarzumachen, dass alle Frauen austauschbar und nichts wert seien und dass ein Mann sie auch so behandeln müsse.

Stichworte/wichtige Textstellen

„Havlitschek: Weiber gibts wie Mist! [...] Und die Weiber sehen sich ja in den entscheidenden Punkten alle ähnlich [...] Die Weiber haben keine Seele, das ist nur äußerliches Fleisch! Und man soll so ein Weib auch nicht schonend behandeln [...]" (S. 46)
„Oskar: Das Weib ist ein Rätsel, Havlitschek. Eine Sphinx." (S. 46)

II Möbliertes Zimmer im achtzehnten Bezirk (S. 46–49)

Marianne hat ein Kind

Marianne, Alfred und ihr Kind leben in einem möblierten Zimmer in sehr bescheidenen Verhältnissen. Alfred bedauert, dass er Marianne zuliebe das Geschäft mit den Pferdewetten aufgegeben hat und sich statt dessen erfolglos als Kosmetikvertreter herumschlagen muss. Er sucht seine Sockenhalter und erwartet von Marianne, dass sie weiß, wo sie sind – die Szene aus I, 2 wiederholt sich.
Marianne erinnert Alfred daran, dass sie sich genau vor einem Jahr zum ersten Mal gesehen haben. Aber Alfred geht kaum darauf ein und versucht vielmehr Marianne davon zu überzeugen, dass sie ihr Kind zu Alfreds Mutter in die Wachau geben sollten. Alfred wirft Marianne ihre Dummheit vor und widerruft seine damals geäußerte hohe Meinung von Marianne. Marianne hat Angst um ihre (gemeinsame) Zukunft.

Stichworte/wichtige Textstellen

„Marianne: Über uns webt das Schicksal Knoten in unser Leben –" (S. 49)
„Alfred: Ich versteh das gar nicht, warum du so dumm bist! Du hast es doch gar nicht nötig, dass du so dumm bist!" (S. 49)
„Alfred: Das [dass sie ihn erhöhe] hab ich nie gesagt. Das kann ich gar nicht gesagt haben. Und wenn, dann hab ich mich getäuscht. (S. 49)
„Marianne: Ich hab so Angst Alfred – [...] Du, wenn du jetzt nämlich alles vergessen hast –" (S. 49)

III Kleines Café im zweiten Bezirk (S. 50–54)

Alfred trifft seinen Freund Ferdinand Hierlinger im Café beim Billardspiel. Er erzählt Ferdinand, dass seine ursprüngliche Leidenschaft für Marianne sich in Mitleid verwandelt habe. Auch habe er das Kind gegen Mariannes Widerstand abtreiben lassen wollen, aber die Abtreibung sei missglückt.
Als Marianne erscheint, ist Ferdinand von ihrem Aussehen angenehm überrascht. Alfred bittet ihn, ihm zu helfen, aus seiner Beziehung mit Marianne heil herauszukommen. Das Kind habe er mittlerweile schon bei seiner Mutter in der Wachau untergebracht. Ferdinand schlägt Alfred darauf vor, dass Marianne arbeiten gehen solle, um finanziell selbstständig zu werden. Zudem würde, wie auch die Kirche sage, eine Frau mit Beruf auf Dauer jede Liebesbeziehung unterhöhlen und die Familie zerstören.

Marianne wird „verkauft"

Da Marianne aber keinen Beruf erlernt hat, sondern lediglich für rhythmische Gymnastik Interesse zeigt, verspricht Ferdinand, mit einer ihm verpflichteten „Baronin mit internationalen

Verbindungen" (S. 53) zu sprechen, die „Ballette für elegante Etablissements" (d. h. Nacktauftritte, S. 53) zusammenstellt.
Alfred bemerkt überrascht, dass Marianne ein Amulett des heiligen Antonius trägt, der als Schutzheiliger der Ehe und der verlorenen Gegenstände gilt.

Stichworte/wichtige Textstellen:

„Alfred: Zuerst war ja eine gewisse normale Leidenschaftlichkeit dabei – und dann, wie der ursprüngliche Reiz weg war, kam das Mitleid bei mir." (S. 50)
„Der Hierlinger Ferdinand: Eine Geliebte mit Beruf unterhöhlt auf die Dauer bekanntlich jede Liebesverbindung, sogar die Ehe!" (S. 53)
„Marianne: Als ich noch klein gewesen bin, und wenn ich was verloren hab, dann hab ich nur gesagt: Heiliger Antonius, hilf mir doch!" (S. 54)

IV Bei der Baronin mit den internationalen Verbindungen (S. 54–57)

Ferdinand kommt mit Marianne zur Baronin, trifft aber zunächst nur deren blinde Schwester Helene an. Helene behauptet, handlesen zu können, und prophezeit Marianne noch viel Freude mit ihrem Kind.
Als die Baronin erscheint, mokiert sie sich über Helenes angebliche Handlesefähigkeit und macht Helene klar, dass sie von ihr abhängig sei.
Die Baronin begutachtet Marianne und behauptet, dass die Mitglieder ihrer Tanzgruppen auch singen können müssten. Zunächst ziert sich Marianne, aber die Baronin animiert Marianne schließlich, das Lied von der Wachau zu singen.

Stichworte/wichtige Textstellen

„Helene: Sie haben noch nicht viel hinter sich, mehr vor sich –" (S. 55)
„Baronin: Man kann alles, wenn man nur will!" (S. 57)

V Draußen in der Wachau (S. 58–61)

Alfred besucht seine Mutter und seine Großmutter, die mittlerweile sein Kind versorgen, in der Wachau. Seine Mutter, besonders aber seine Großmutter missbilligen Alfreds Beziehung zu Marianne.
Alfreds Großmutter verlangt von Alfred das ihm geliehene Geld zurück und ist auch nicht mehr bereit, ihm neues zu leihen, solange er mit Marianne zusammenlebt. Wenn Alfred sich aber von Marianne trennen würde, wäre sie gerne bereit, ihm erneut Geld zu leihen. Auch empfiehlt sie ihm, nach Frankreich zu gehen, da dort die Verhältnisse noch besser seien, an das Kind solle er nicht weiter denken.

Stichworte/wichtige Textstellen:

„Großmutter: Hab nur keine Angst – du dummer Bub. Oh, ich krieg dich schon noch runter – ich krieg meine Leute schon noch runter." (S. 60)
„Großmutter: – schafft sich mit dem Bettelweib auch noch ein Kind an, ein Kind!" (S. 60)

VI Und wieder in der stillen Straße im achten Bezirk (S. 61–67)

Der Rittmeister macht Oskar wieder Komplimente für seine Blutwurst und sieht bei Valerie die Lotterieziehungsliste ein. Der „Zauberkönig" kommt mit einer Kundin aus seinem Laden. Die Kundin lobt die frühere Verkäuferin Marianne. Auf ihre Frage, ob sie seine Tochter sei, verleugnet der „Zauberkönig" Marianne. Er lehnt auch die Nachbestellung einer Schachtel Zinnsoldaten ab, weil das ihm zu viel Schreibarbeit mache. Erich verlässt Valeries Laden, um zur Universität zu gehen, sagt Valerie aber, dass er alle Schulden bei ihr bezahlen werde. Es sei für ihn Ehrensache, dass er sie bezahle. Erich legt sich mit dem Rittmeister an, indem er u. a. behauptet, die Österreicher sein „fesch aber feig" (S. 63) und daran schuld, dass Deutschland den Weltkrieg verloren habe. Nur knapp entgeht Erich einem Duell.
Alfred schlendert zu Valeries Laden und wird dabei heimlich von Oskar beobachtet. Im Gespräch mit Valerie, die sich sehr reserviert gibt, erfährt Alfred, dass Valerie jetzt mit Erich zusammenlebt. Alfred gesteht, dass es ihm momentan finanziell nicht gut gehe und dass er sich von Marianne trennen werde, um in Frankreich eine seinem Niveau entsprechende Stellung in der Speditionsbranche zu finden. Noch an diesem Abend werde er nach Nancy fahren.
Als Valerie Oskar entdeckt, gesteht der, das Gespräch belauscht zu haben. Oskar behauptet, Marianne immer noch zu lieben. Wenn Mariannes Kind nicht wäre, sei er bereit, sie zu heiraten. Mariannes jetzige Situation stellt Oskar als Strafe Gottes hin. Valerie kann dieses selbstgerechte Gerede nicht mehr hören.

Stichworte/wichtige Textstellen:

„Zauberkönig: Ich hab keine Tochter! Ich hab noch nie eine Tochter gehabt!" (S. 62)
„Alfred: Ich werd sie [Marianne] wohl aus den Augen verlieren –" (S. 65)
„Oskar: Ich hab sie noch immer lieb – vielleicht stirbt das Kind –" (S. 66)
„Oskar: Nein, Havlitschek. Ich werd sie jetzt schon selber abstechen, die Sau –" (S. 67)

VII Im Stephansdom (S. 67–70)

Marianne beichtet

Marianne beichtet. Als der Beichtvater sie nach der Reue für ihr gerade gebeichtetes Handeln fragt, bereut Marianne alles, außer dass sie ein uneheliches Kind empfangen und geboren hat. Der Beichtvater verweigert ihr daher die Absolution und empfiehlt ihr, zuerst mit sich selbst ins Reine zu kommen, bevor sie vor Gott tritt.
Verzweifelt fragt Marianne Gott, was er mit ihr vorhabe.

Stichworte/wichtige Textstellen:

„Marianne: Nein, das tu ich nicht. – Nein, davor hab ich direkt Angst, daß ich es bereuen könnt. – Nein, ich bin sogar glücklich, daß ich es hab, sehr glücklich –" (S. 69)
„Marianne: Wenn es einen lieben Gott gibt – was hast du mit mir vor, lieber Gott? – Lieber Gott [...] ich bin kein schlechter Mensch – hörst du mich? – Was hast du mit mir vor, lieber Gott? –" (S. 70 f.)

Dritter Teil

I Beim Heurigen (S. 71–88)

Valerie, Erich und der „Zauberkönig" amüsieren sich beim Heurigen. Erich und der „Zauberkönig" sind betrunken und benehmen sich entsprechend: Der Zauberkönig wird bei den Frauen zudringlich und Erich kommandiert sich selbst.
Der Rittmeister ist mit einem Jugendfreund seines in Sibirien verschollenen Bruders, dem „Mister", einem Österreicher, der in Amerika zu Reichtum gelangt ist, auch beim Heurigen. Er spricht Valerie darauf an, dass er das Verhalten des „Zauberkönigs" gegenüber Marianne nicht nachvollziehen könne. Der „Mister" gesellt sich zu ihnen. Er ist betrunken und schwelgt in Wiener Erinnerungen.
Der „Zauberkönig" versucht mit Valerie anzubändeln und schimpft über seine verstorbene Frau. Als es zu regnen beginnt, begeben sich alle auf Vorschlag des Rittmeisters in den Nachtclub „Maxim", wo es laut Rittmeister „besondere Überraschungen" gebe (S. 77). Während der „Zauberkönig" und der Rittmeister sich an der Bar mit den Animiermädchen amüsieren, werden auf der Bühne „lebendige Aktplastiken" (S. 81) präsentiert.

Marianne als Nacktdarstellerin

Beim dritten Bild, „Die Jagd nach dem Glück", erkennt Valerie entsetzt in einer der Nacktdarstellerinnen Marianne. Betrunken schluchzt und weint sie so hysterisch, dass die Vorstellung abgebrochen werden muss. Der Rittmeister erklärt dem „Zauberkönig", er habe gewusst, dass Marianne im „Maxim" als Nacktdarstellerin auftrete. Er habe dem „Zauberkönig" zeigen wollen, wo Marianne gelandet sei, um ihn wieder mit Marianne zu versöhnen. Aber der „Zauberkönig" verleugnet Marianne weiter-

hin. Selbst als Marianne an seinen Tisch kommt und ihm ihre verzweifelte Situation schildert, bedauert der „Zauberkönig nur sich selbst und bleibt gegenüber Marianne abweisend.
Der „Mister" hält Marianne für eine Prostituierte und versucht sie („getarnt" als Briefmarkenkauf) zu „kaufen". Marianne lehnt jedoch ab und gibt ihm seine Brieftasche zurück. Aber der „Mister" bemerkt, dass Marianne ihn um hundert Schilling bestehlen wollte, und ruft nach der Polizei.

Stichworte/wichtige Textstellen

!

„Regieanweisung: *Die ‚Träumerei' von Schumann erklingt und [...] eine Gruppe nackter Mädchen [...] versucht einer goldenen Kugel nachzurennen, auf welcher das Glück auf einem Bein steht –das Glück ist ebenfalls unbekleidet und heißt Marianne.*" (S. 82)
„Marianne: Nein, das kann ich mir nicht leisten, daß ich mich schäm." (S. 85)
„Marianne: Du hast mich ja nichts lernen lassen, nicht einmal meine rhythmische Gymnastik, du hast mich ja nur für die Ehe erzogen –" (S. 86).
„Marianne: – und auf den Strich gehen kann ich nicht, ich kann das nicht, ich habs ja schon versucht [...] – dann bleibt mir nur der Zug." (S. 86)
„Zauberkönig: So wirf dich doch vor den Zug! [...] Samt deiner Brut!!" (S. 86)
„Marianne: Ihr sollt mich nicht mehr schlagen! Ich will nicht mehr geschlagen werden!" (S. 88)

II Draußen in der Wachau (S. 88–90)

Die Großmutter beschimpft Alfred, weil er das Geld, das er sich von ihr geliehen hatte, um angeblich in Frankreich eine neue Stelle zu suchen, statt dessen auf der Rennbahn verspielt hat. Sie behauptet verärgert, er werde noch genau wie Marianne im Zuchthaus enden. Alfred nimmt Marianne in Schutz und gibt sogar zu, dass er an ihrem Schicksal mitschuldig sei. Wütend wirft die Großmutter ihrer Tochter vor, dass Alfred genauso verkommen sei wie sein verstorbener Vater. Alfreds Mutter bemerkt, dass ihr Enkelkind ganz krank aussieht, und spricht ihre Mutter darauf an, dass sie beobachtet habe, wie diese das Kind nachts heimlich in die Zugluft gestellt habe.

Stichworte/wichtige Textstellen

„Großmutter: Nimm sie nur in Schutz, nimm sie nur in Schutz." (S. 89)
„Alfred: Es ist doch so, daß ich es genau fühl, daß auch in in einer gewissen Hinsicht mitschuldig bin an der Mariann ihrem Schicksal –" (S. 89)
„Großmutter: Mutterl im Zuchthaus und Vaterl ein Hallodri! Für manche wärs schon besser, wenns hin wären!" (S. 90)

III Und abermals in der stillen Straße im achten Bezirk (S. 91–102)

In der stillen Straße im achten Bezirk hat sich fast nichts verändert. Wie immer liest der Rittmeister bei Valerie die Ziehungsliste. Nur am Laden des „Zauberkönigs" hängt ein Schild „Ausverkauf". Der Rittmeister hat ein schlechtes Gewissen, weil glaubt, den „Zauberkönig" mit Mariannes unerwartetem Anblick im „Maxim" zu sehr geschockt zu haben. Er habe die beiden aber nur versöhnen wollen. Valerie beruhigt ihn, erzählt ihm aber auch, dass der „Zauberkönig" ein gebrochener Mann sei, der bei der Nachricht, dass Marianne beim Diebstahl er-

wischt worden sei, (fast) einen Schlaganfall bekommen habe. Marianne sei nach ihrer vierwöchigen Untersuchungshaft bei ihr gewesen und sie habe sich vorgenommen, Marianne mit ihrem Vater zu versöhnen.
Erich erscheint und erklärt Valerie, dass er sie für immer verlassen werde. Valerie gibt sich unbeeindruckt, möchte sich aber von ihm in Freundschaft trennen. Sie verzichtet auch auf Erichs Schuldenrückzahlungsangebot. Erich geht scheinbar auf Valeries Angebot ein, als sie aber wieder in ihrem Laden ist, beschimpft er sie abfällig.

Alfred und Oskar machen einen Deal

Alfred kommt mit Oskar aus dessen Metzgerei. Er verspricht Oskar, auf immer von Marianne abzulassen, und behauptet, Marianne sei nie seine große Liebe gewesen. Nur auf ihren Druck hin sei aus einer Liaison eine Beziehung geworden. Oskar zeigt viel Verständnis für Alfred und verspricht ihm, ihn mit Valerie zu versöhnen.
Valerie versucht derweil den „Zauberkönig" mit Marianne zu versöhnen. Sie macht ihm klar, dass er, wenn er Marianne wieder aufnähme, sein Geschäft weiterführen könne. Auch sei Marianne nur aufgrund ihrer Dummheit in diese Situation geraten. Aber erst, als Valerie ihm vor Augen führt, dass er Großvater sei, wird der „Zauberkönig" „einsichtig".
Alfred will sich mit Valerie versöhnen. Aber sie lässt ihn zunächst mit seinen Floskeln ins Leere laufen und zwingt ihn, sein wahres Wesen zu zeigen. Erst jetzt stellt Valerie ihm eine Versöhnung in Aussicht.

Versöhnung mit dem Vater

Als Marianne erscheint, versucht Valerie sie mit Alfred und Oskar auszusöhnen. Oskar erklärt sich bereit, Marianne trotz allem zu heiraten, wenn nur ihr Kind nicht wäre, das er nicht aufzunehmen bereit ist. Schließlich schickt Valerie die zögernde Marianne auch zu ihrem Vater. Marianne ist nur wegen des Wohls ihres Kindes bereit, sich mit ihrem Vater zu versöhnen.

Stichworte/wichtige Textstellen

„Oskar: Der Mann ist ja nur der scheinbar aktive Teil und das Weib nur der scheinbar passive – wenn man da näher hineinleuchtet –" (S. 94)

Valerie: – versöhn dich doch lieber, du alter Trottel – versöhn dich, und du wirst auch dein Geschäft wieder weiterführen können, es wird wieder alles besser, besser, besser!" (S. 96)

„Valerie: Und die hat sich eingebildet, die Welt nach ihrem Bild umzuformen – aber die Welt folgt halt doch nur dem Verstand, gelt, Großpapa?" (S. 96)

„Oskar: Wenn du nämlich nur noch einen Funken Gefühl in dir hast, so mußt du jetzt spüren, daß ich dich trotz allem noch heut an den Altar führen tät, wenn du nämlich noch frei wärst – ich meine jetzt das Kind –" (S. 100)

„Marianne: Ich möcht jetzt nur noch was sagen. Es ist mir nämlich zu guter Letzt scheißwurscht – und das, was ich da tu, tu ich nur wegen dem kleinen Leopold, der doch nichts dafür kann." (S. 101)

IV Draußen in der Wachau (S. 102–106)

Tod des Kindes

Alfreds Mutter und die Großmutter wollen Marianne einen Brief schreiben, um ihr mitzuteilen, dass ihr Kind gestorben sei. Die Großmutter weist jede Schuld am Tod ihres Urenkelkindes von sich und versucht ihre Tochter als ursächlich Schuldige hinzustellen. Schließlich diktiert sie ihr den Brief an Marianne.

Marianne, der „Zauberkönig", Valerie, Alfred und Oskar erscheinen, um den kleinen Leopold zu besuchen. Der „Zauberkönig" hat sogar Spielsachen für sein Enkelkind dabei. Die Großmutter überreicht Marianne den Brief. Alle sind von Leopolds Tod betroffen. Der „Zauberkönig" spürt einen Schlaganfall nahen. Marianne versucht die gefühllose Großmutter mit deren Zither zu erschlagen, wird aber von Oskar brutal daran gehindert.

Marianne ist gebrochen

Oskar will Marianne selbstgefällig trösten. Sie ist am Ende ihrer Kraft und lässt sich von Oskar gebrochen in die Ehe abführen.

Stichworte/wichtige Textstellen

!

„Alfred: Ich hab jetzt grad so gedacht – so ohne Kinder hört man eigentlich auf. Man setzt sich nicht fort und stirbt aus." (S. 105)

„Marianne: Ich hab mal Gott gefragt, was er mit mir vorhat. – Er hat es mir aber nicht gesagt, sonst wär ich nämlich nicht mehr da. – Er hat mir überhaupt nichts gesagt. – Er hat mich überraschen wollen. – Pfui!" (S. 105)

„Oskar: Gott ist die Liebe, Mariann – und wen er liebt, den schlägt er –" (S. 106)

„Oskar: Mariann, du wirst meiner Liebe nicht entgehn –" (S. 106)

2.3 Aufbau

Horváth hat sein Stück *Geschichten aus dem Wiener Wald* kompositorisch sorgfältig durchgestaltet. Es besteht aus drei Akten, die symmetrisch ausgewogen aufgebaut sind:
Der längere „Mittelakt" mit seinen sieben Szenen wird von den je vier Szenen des ersten und dritten Aktes quasi umrahmt:

Aufbau

Akt I	Akt II	Akt III
(4 Szenen)	(7 Szenen)	(4 Szenen)
1. Draußen in der Wachau	1. Wieder in der stillen Straße im achten Bezirk	1. Beim Heurigen
2. Stille Straße im achten Bezirk	2. Möbliertes Zimmer im achtzehnten Bezirk	2. Draußen in der Wachau
3. Am nächsten Sonntag im Wiener Wald	3. Kleines Café im zweiten Bezirk	3. Und abermals in der stillen Straße im achten Bezirk
4. An der schönen blauen Donau	4. Bei der Baronin mit den internationalen Beziehungen	4. Draußen in der Wachau
	5. Draußen in der Wachau	
	6. Wieder in der stillen Straße im achten Bezirk	
	7. Im Stephansdom	

formaler Rahmen

Dreh- und Angelpunkt des Stücks ist die Szene II, 4. Steht sie schon allein aufbaumäßig genau in der Mitte des Stücks, so wird Marianne hier absolut als Ware funktionalisiert und steht genau in der Mitte zwischen Befreiung und endgültigem Scheitern:

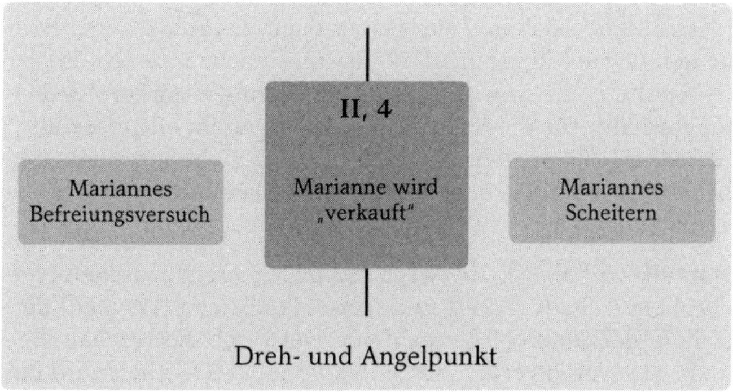

Handlungsort

Zwar bietet das Stück mit seinen 9 Handlungsorten innerhalb der 15 Szenen einen ziemlich häufigen Handlungsortswechsel, aber „Horváth beschränkt seine Darstellung auf charakteristische Ausschnitte."[37] Während sieben Handlungsorte nur einmal vorkommen (I, 3; I, 4; II, 2; II, 3; II, 4; II, 7; III, 1), bilden die Szenen, die in der „stillen Straße im achten Bezirk" und „Draußen in der Wachau" spielen (sie sind jeweils viermal Handlungsort) „einen durchgängig vorkommenden lokalen Rahmen."[38] Auch sind die beiden Handlungsorte „systematisch gekoppelt"[39]: An

37 Buck, Theo: *Ödön von Horváths „Geschichten aus dem Wiener Wald"*, S.384
38 Ebenda, S. 385
39 Wertheimer, Jürgen: *Horváth lesen lernen*, S. 161

jede Szene, die in der Wachau, d. h. auf dem Land, spielt, ist eine Szene, die in der Stadt spielt, angeschlossen:[40]

I, 1	I, 2		II, 1		II, 5	II, 6		III, 2	III, 3	III, 4
Wachau	Stadt		Stadt		Wachau	Stadt		Wachau	Stadt	Wachau

Sowohl die Szenen in der Wachau als auch die Stadtszenen „verdichten"[41] sich in jeweils einer Figur des Stückes und zwar in der jeweils ältesten, d. h. für die Wachau-Szenen in der Großmutter (die von Szene zu Szene immer stärkere Bedeutung erhält), für die Stadt-Szenen hingegen im „Zauberkönig". Alfred, die Figur, die latent die Grenze zwischen Stadt und Land überschreitet, bildet die figurale Klammer zwischen beiden Lokalitäten.

Horváth will aber keineswegs einen Gegensatz zwischen (verderblicher) Stadt (Wien) und (gesundem) Land (Wachau) darstellen. Bei näherem Betrachten erweist sich die Wachau vielmehr als „Verlängerung der stillen Straße."[42] Deutlich wird das auch in der Szene, in der die Stadtbewohner aus der „stillen Straße" die Landbewohner in der Wachau aufsuchen, um (weiter) Versöhnung zu feiern (III, 4). Bei diesem ersten direkten Aufeinandertreffen von Stadt und Land zeigt sich, dass beide sich direkt gut verstehen bzw. sogar ergänzen:

> *„Zauberkönig und Hexengroßmutter vergnügen sich mit dem überflüssig gewordenen Kinderspielzeug, Oskar rettet die Großmutter vor dem Angriff Mariannes und vertritt im Übrigen die selbe rigide Dogmatik eines Katholizismus in seiner sadistischen Variante wie Valerie in seiner sentimentalen."*[43]

40 Vgl. ebenda, S 161
41 Hobek, S. 24
42 Haag, Ingrid: *Zeigen und Verbergen*, Anmerkung 11, S. 152
43 Wertheimer, S. 163 f.

Der Gegensatz von Stadt und Land ist also nur eine „Scheinopposition, beide Personengruppen sind korrupt, tückisch schwach und fleischfressend."[44]

Aber noch ein weiteres Kompositionselement des Stückes fällt ins Auge, sein zirkulärer Aufbau. Deutlich wird dies bereits im Szenenaufbau. Beginnt das Stück bei Alfreds Mutter und Großmutter in der Wachau, gefolgt von der Szene in der „stillen Straße" in Wien, so endet das Stück mit der vorletzten Szene in der „stillen Straße" und die letzte Szene spielt wie die erste wieder in der Wachau. Das Stück endet, wie es begonnen hat.

zirkulärer Aufbau

Die Regieanweisungen verstärken und betonen diese Zirkularität noch. Symmetrisch spiegeln sich Anfang und Schluss bis in die fast identische Wortwahl der Regieanweisungen hinein. Auch mit Regieformulierungen wie „und abermals in der stillen Straße in achten Bezirk" (III, 3, S. 91), „Der Rittmeister liest noch immer die Ziehungsliste" (III, 3, S. 91) oder, besonders deutlich (aber auch mit resignierender, bitterer Ironie), „Es scheint überhaupt alles beim alten geblieben zu sein" (III, 3, S. 91) verdeutlicht Horváth die Kreisstruktur seines Stücks. Verstärkt wird diese Kreisstruktur noch durch die Musik. Walzer von Strauß durchziehen als Leitmotiv das gesamte Stück (vgl. u. a. I, 2; S. 16, II, 1, S. 44; II, 6; S. 92), besonders oft wird der „Walzer ‚Geschichten aus dem Wiener Wald' von Johann Strauß" (I, 1, S. 9) gespielt, mit ihm wird das Stück eingeleitet und endet auch mit ihm: Die Großmutter spielt ihn auf ihrer Zither und „in der Luft ist ein Singen und Klingen, als spiele ein himmlisches Streichorchester die ‚Geschichten aus dem Wiener Wald' von Johann Strauß" (III, 4, S. 106). Der (Wiener) Walzer aber besteht aus permanenten Dreh- und Kreisbewe-

44 Hobek, S. 24

gungen. „Die Tanzform des Walzers schreibt die Kreisbewegung als kompositionelle Struktur dieses Volksstücks vor."[45]

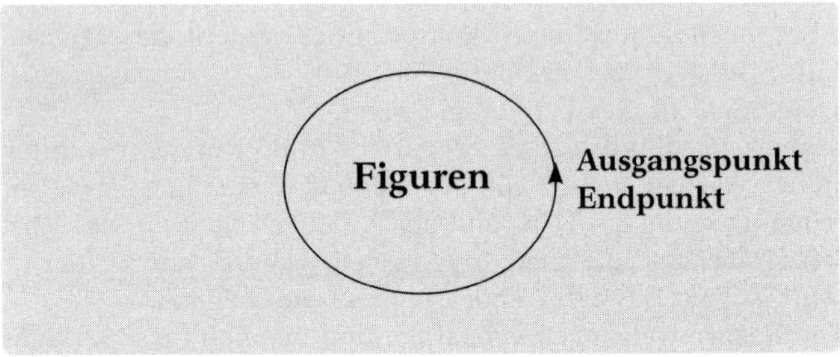

Auch die zeitliche Struktur des Stücks spiegelt seine zirkuläre Komposition. So zeigt sich u. a. in der Wiederkehr der Jahreszeit (das Stück beginnt und endet im Frühling) und in der Betonung des Jahrestags durch Marianne (II, 2; S. 48) die Konsequenz der Komposition.
„Horváth versucht also mit dem Zirkulären die Unfähigkeit der Menschen darzustellen, aus ihren Erfahrungen zu lernen. Der Mensch bleibt uneinsichtig: Es kommt zu einer Erstarrung."[46]

45 Vgl. Baumgartner, Wilhelm Martin: *Lied und Musik in den Volksstücken Horváths* (zitiert nach Hobek, S. 24)

46 www.ksluzern.ch/diversicum/arbeiten/horvath-r7b/horvath.htm (Stand: April 2007)

2.4 Personenkonstellation und Charakteristiken

Marianne ist die zentrale Figur des Stücks. Alle anderen Figuren „umkreisen" sie mehr oder weniger eng und bestimmen über sie. Auffällig ist, dass die Männer das Stück dominieren. Die Frauen (Marianne, Valerie, Alfreds Mutter) werden von ihnen ausgenutzt. Lediglich die Baronin und Alfreds Großmutter zeigen sich ebenso brutal und unterdrückend wie die männlichen Figuren.

Personenkonstellation

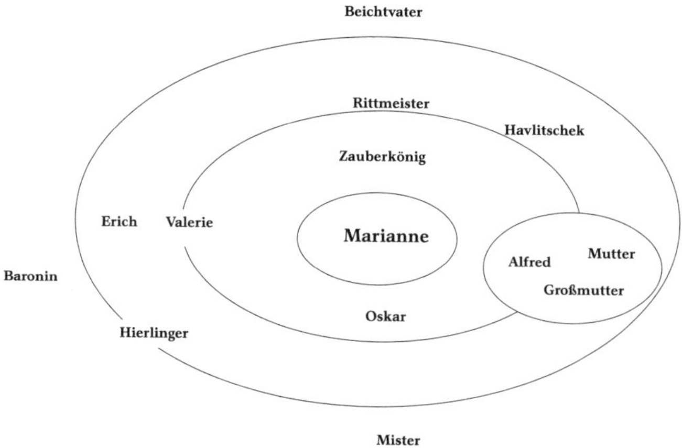

Fast schon an Strindberg erinnert Horváths Auffächerung der Personen:

> *„Personen spalten sich, verdoppeln sich, vertreten einander, gehen in Luft auf, verdichten sich, zerfließen, treten wieder zusammen."*[47]

Besonders deutlich wird das bei Marianne und Oskar. Für beide gibt es „in den Episodenfiguren zahlreiche Spiegelungen"[48]:

Marianne
- **Ida** (mädchenhafte Naivität)
- **Helene** (Blindheit = Mariannes Naivität)
- **Emma** („ein Mädchen für alles" = Mariannes Weg)

Oskar
- **Zauberkönig** (Zukunft)
- **Havlitschek** (dunkle Seite Oskars)

47 Strindberg, August: *Vorbemerkungen zum „Traumspiel"* (zitiert nach Hobek, S. 61)
48 Hobek, S. 61

Marianne

Marianne ist 22 Jahre alt (vgl. S. 28) und das einzige Kind des „Zauberkönigs" Leopold, der einen kleinen Spielwarenladen mit Scherzartikeln besitzt. Seit dem Tod ihrer Mutter muss Marianne ihrem Vater den Haushalt und das Geschäft führen. Sie hat daher nach dem Besuch der Bürgerschule keinen Beruf erlernen dürfen. Ihr Traum wäre jedoch ein eigenes Institut für rhythmische Gymnastik gewesen. Mit diesem Wunsch stieß sie aber bei ihrem Vater und ihren Verwandten auf Unverständnis. So ordnete sie sich brav den Wünschen und Vorstellungen ihres Vaters unter und ist daher auch zunächst bereit, den Metzger Oskar, einen Nachbarn, den sie schon seit ihrer Kindheit kennt, auf Wunsch ihres Vaters zu heiraten. Oskar besitzt eine gutgehende Metzgerei, aber Marianne liebt ihn nicht, er ist ihr sogar unangenehm. Als sie den jungen Charmeur Alfred kennenlernt, glaubt sie ihrer bisherigen fremdbestimmten Existenz entfliehen zu können. Während ihres Verlobungspicknicks lässt sie sich auf Alfreds Flirtversuche ein und verliebt sich in ihn. Als Marianne und Alfred von Mariannes Vater und Oskar ertappt werden, bricht Marianne (in der Illusion, mit Alfred ihr Glück gefunden zu haben) mit ihrem bisherigen Leben. Sie löst die Verlobung mit Oskar und zerbricht die von ihr empfundenen „Sklavenfesseln" (I, 4; S. 42). Marianne ist jetzt auch nicht mehr bereit, Oskar zu heiraten, um das Geschäft ihres Vaters vor dem Ruin zu retten (vgl. I, 4; S. 42).

„In der Begegnung mit Alfred gibt sich Marianne der Illusion hin, handelndes Subjekt und nicht nur Objekt der Männer sein zu können."[49]

Objekt der Männer

In ihrer Naivität ist sie blind für Alfreds Labilität und Egoismus. In Selbstvergessenheit glaubt sie, vielmehr Alfred auf-

49 Bartsch, S. 86 f.

bauen zu können: „Mich kann nichts erschüttern. Laß mich aus dir einen Menschen machen." (I, 4; S. 43)
Es gelingt Marianne sogar, Alfred von seiner Pferdewettleidenschaft wegzubringen und ihn wieder zu geregelter Arbeit (als Vertreter) zu zwingen. Aber ihre Existenz ist trotzdem erbärmlich. Zwar leben sie im 18. Wiener Bezirk, der als vornehme Wohngegend gilt, aber sie haben nur ein ärmlich möbliertes Zimmer und Alfred ist als Vertreter unglücklich und erfolglos.
Alfred hat Marianne nicht geheiratet. Sie leben in „wilder Ehe" und haben ein gemeinsames Kind, Marianne hat es nach ihrem Vater Leopold genannt. Alfred hatte Marianne gegen ihren Willen zu einer missglückten Abtreibung gezwungen und versucht auch jetzt noch, das Kind zu seiner Mutter aufs Land abzuschieben. Das Verhältnis zwischen Marianne und Alfred ist erkaltet, Marianne ist Alfred nur noch lästig. Auch Marianne hat ihr Glück bei Alfred nicht gefunden und muss zu spät erkennen, „dass sich in der Beziehung zu Alfred die Zwänge, Erniedrigungen und Lieblosigkeiten, die sie beim Vater und bei Oskar erfahren hat, wiederholen."[50] (Vgl. II, 2; S. 47 ff.) Alfred trifft sich mit seinem zwielichtigen Freund Ferdinand Hierlinger und in dem Bedürfnis, sich aus der Beziehung zu Marianne zu lösen, „verschachert" er sie an die Baronin. Er verlässt Marianne und sie muss, um sich und ihr Kind am Leben zu erhalten, als Nackttänzerin in einem billigen Nachtclub auftreten. Entsetzt entdeckt sie hier eines Tages ihren Vater und ihre ehemaligen Nachbarn im Publikum. In ihrer Not spricht sie ihren Vater an und schildert ihm ihre verzweifelte Lage. Aber ihr Vater bleibt in seinem Selbstmitleid gefangen und verleugnet Marianne auf beleidigend abwertende Weise (vgl. III, 1; S. 85 ff.).
Marianne ist aber nicht bereit, sich vollständig zu verkaufen. Als der austroamerikanische Gast des Nachtclubs, der „Mis-

50 Ebenda, S. 87

ter", der sie für eine Prostituierte hält, ihr ein (getarntes) Angebot macht, lehnt sie (wenn auch nach kurzem Zögern) ab. In ihrer Verzweiflung versucht sie allerdings, ihn zu bestehlen. Der Diebstahl misslingt aber und Marianne landet im Gefängnis.
Auch in ihrem (Kinder-)Glauben findet Marianne keinen Trost und keine Stärkung. Im Gegenteil: Bei der Beichte verlangt der Beicht„vater", dass sie die Geburt ihres „in Sünde gezeugten" Kindes bereut. Als Marianne das entsetzt ablehnt, verweigert er ihr die Absolution. (Vgl. II, 7; S. 69)
Marianne ist (scheinbar) am tiefsten Punkt ihrer Erniedrigung angekommen. Allein die Liebe zu ihrem Kind hält sie noch aufrecht und gibt ihr Kraft. So nennt sie Valerie ehrlich den einzigen Grund für ihre Versöhnungsbereitschaft: „Ich möcht jetzt nur noch was sagen. Es ist mir nämlich zu guter Letzt scheißwurscht – und das, was ich da tu, tu ich nur wegen dem kleinen Leopold, der doch nichts dafür kann." (III, 3; S. 101)
Als Marianne erfährt, dass ihr Kind gestorben ist, verliert sie ihr letztes Lebensziel. „Willenlos und endgültig gebrochen lässt sie danach das Unvermeidliche ohne jede Reaktion über sich ergehen"[51]: Oskar kann sie in die Ehe abführen. „Er hat sein Ziel erreicht, ihr ist dagegen jedes Ziel genommen."[52]

endgültig gebrochen

„Zauberkönig"

Mariannes Vater, der „Zauberkönig" Leopold, ist der Besitzer eines kleinen Spielwarenladens mit dem Namen „Zum Zauberkönig", einer „Puppenklinik" (II, 1; S. 15) mit Scherzartikeln. Seine Frau Irene ist an Brustkrebs gestorben. Marianne ist sein einziges Kind. Der „Zauberkönig" ist wie Oskar der „Pro-

51 Buck, S. 390
52 Ebenda, S. 390

Prototyp des Kleinbürgers

totyp des Kleinbürgers"[53] und Valerie bezeichnet ihn auch als „echte[n] Bürger vom alten Schlag", der vom Aussterben bedroht sei (vgl. III, 1; S. 80).

Nach dem Tod seiner Frau führt Marianne ihm den Haushalt und er behandelt sie wie eine Dienstbotin, was er unbewusst (?) auch zugibt: „Nicht einmal einen Dienstboten kann man sich halten. Wenn ich meine Tochter nicht hätt –" (I, 2; S. 21).

Der „Zauberkönig" hat Marianne verboten, einen Beruf zu erlernen, und sie allein zur zukünftigen Ehefrau erzogen: „Du hast mich ja nichts lernen lassen, nicht einmal meine rhythmische Gymnastik, du hast mich ja nur für die Ehe erzogen –" (III, 1; S. 86). Ohne sich um die Gefühle Mariannes zu kümmern, will er sie aus Eigennutz mit dem Metzger Oskar verheiraten. Der hat ein gutgehendes Geschäft und ist damit eine gute Partie.

Als Marianne diese Verlobung löst, entlarvt der „Zauberkönig" seine sittliche Entrüstung selbst als Lüge: „Diese Verlobung darf nicht platzen, auch aus moralischen Gründen nicht!" (I; 2; S. 42) Auch verstößt er Marianne erst, als er erfährt, dass Alfred mittellos ist: „Zauberkönig zu Alfred: Was sind Sie denn überhaupt? Alfred: Ich? Valerie: Nichts. Nichts ist er. Zauberkönig: Ein Nichts. Das auch noch. Ich habe keine Tochter mehr!" (I; 2; S. 43)

„An der Figur des Zauberkönigs erweist sich, dass das (alte) Kleinbürgertum todgeweiht, d. h. sozial und ökonomisch am Ende ist und keine Zukunft hat, ohne es allerdings wahrnehmen zu wollen und zu können. Es versucht verzweifelt, Besitzstände zu wahren, die es nicht mehr hat."[54]

53 Glaser, Hermann: *Ab mit ihr*, S. 70

54 Bartsch, S. 85

autoritär und egoistisch

Der „Zauberkönig" ist zudem autoritär und egoistisch. Im Familienkreis spielt er gern das Oberhaupt, alles hat sich nach ihm zu richten. So muss etwa Oskar während des Familienausflugs das Foto nochmals machen, da der „Zauberkönig" darauf besteht, dass es verwackelt sei (vgl. I, 2; S. 26). Als Marianne die Verlobung mit Oskar gelöst hat, verstößt ihr Vater sie und versinkt in Selbstmitleid. Nach dem Scheitern ihrer Beziehung und Mariannes sozialem Abstieg bleibt er blind für die Not seiner Tochter und sieht nur sich (vgl. III, 1; S. 85 f.).
Augenfällig ist auch, dass der „Zauberkönig" neben dem äußerlichen Schein von bürgerlicher Anständigkeit auch den Schein der Bildung wahren will, indem er einer Vorliebe für Klassikerzitate und lateinische Zitate frönt. Beides gelingt ihm aber nicht. So wendet er die lateinischen Zitate z. T. unpassend an (vgl. I, 2; S. 23 u. a.). Auch „im Widerspruch von moralischer Prätention und realem Verhalten" entlarvt sich seine „typisch[e] bürgerliche[n] Doppelmoral"[55]. Während er etwa eine Zeit „ohne sittliche Grundsätz" (I, 3; S. 35) beklagt, schnüffelt er heimlich an Valeries abgelegtem Korsett. Er entrüstet sich über Mariannes unmoralischen Nacktauftritt, amüsiert sich aber selbst mit Animiermädchen und ist entzückt über die „nacktete[n] Weiber" (III, 1; S. 81).

Frauen sieht er vor allem als Sexualobjekte

Frauen sieht er vor allem als Sexualobjekte. Als seine Frau an Brustkrebs erkrankt war und ihr eine Brust amputiert werden musste, zählte sie für ihn nur noch als „halbe Frau" (vgl. I, 3; S. 36, III, 1; S. 76). Liebend gern würde er mit Valerie ein Verhältnis beginnen. Ungeniert beobachtet er sie heimlich beim Umziehen. Als sie ihn entdeckt, fordert er sie ungerührt auf, sich weiter auszuziehen (vgl. I, 3; S. 35)

55 Ebenda, S. 84

und fällt später (fast) über sie her (vgl. I, 3; S. 37). Auch auf dem Heurigen versucht der „Zauberkönig" sich Valerie wieder erotisch zu nähern, wobei auch diesmal wieder besonders unangenehm (oder auch unmoralisch) auffällt, dass er vor Selbstmitleid zerfließend eigene üble Nachrede über seine verstorbene Frau benutzt, um bei Valerie zu „landen" (vgl. III, 1; S. 76). Der „Zauberkönig" hat aber kein echtes Interesse an Valerie. Sie ist für ihn nur ein (scheinbar) erreichbares Sexualobjekt, das jederzeit gegen ein jüngeres besseres austauschbar ist. Als das Animiermädchen sich ihm im „Maxim" anbietet, lässt er Valerie sitzen (vgl. III, 1; S. 80).

Besonders ungehemmt tritt der Sexualtrieb des „Zauberkönigs" hervor, wenn er betrunken ist. Jetzt lässt er die bürgerlich anständige Maske ganz fallen und wird selbst bei fremden Frauen handgreiflich (vgl. III, 1; S. 72).

Aber nicht nur seine immer wieder hervorbrechende „Geilheit" straft seine bürgerlich anständige Fassade Lüge, auch sein Verhalten gegenüber Marianne ist selbst für einen alten Soldaten wie den Rittmeister nicht nachvollziehbar. Er empfindet es als unmenschlich (vgl. III, 1; S. 84). Als Marianne ihrem Vater ihre verzweifelte Lage vor Augen führt und sogar nahe davor ist, nur noch den Selbstmord als Ausweg zu sehen, entlarvt sich der „Zauberkönig" wieder als unangenehmer Egoist. Ohne Einsicht in die eigene (Mit-)Schuld an Mariannes Situation und ohne Rücksicht auf die Not seiner Tochter verfällt er in Selbstmitleid und beschimpft Marianne auf Gossenniveau (vgl. III, 1; S. 86).

Nach seinem Fast-Schlaganfall, den er aber auch wieder ausnutzt, um bei Valerie Mitleid zu erzeugen (vgl. III, 3; S. 96), ist er angeblich „versöhnlicher geworden" (III, 3; S. 91). Aber seine Versöhnung mit Marianne geschieht weniger aus Vaterliebe oder gar Reue und Einsicht, sondern aus rein kommerziellen

Gründen: Valerie macht ihm klar, dass er nur noch durch die Versöhnung mit Marianne seinen Laden weiter halten und führen kann (vgl. III, 3; S. 96). Auch seine plötzlich erwachte Großvaterliebe zu Mariannes Kind nimmt man ihm nur schwer ab. Sie erscheint zu aufgesetzt und unecht. Sie „scheint einfach nicht glaubwürdig. [...] Eigentlich interessiert ihn sein Enkel gar nicht. Es ist so kitschig, dass man ihm keinen Glauben schenken kann."[56]

> *„Der Zauberkönig, der seine Tochter erst an den Fleischer verkuppelt, dann, als sie ein uneheliches Kind hat, in ihrer Misere ungerührt verkommen lässt, dieser Unvater, Inkarnation bösartiger und herzloser Spießigkeit, weist nachdrücklich auf die Profanierung aller höheren Werte und auf die Entartung des Menschlichen, die Horváth in der zeitgenössischen Gesellschaft vor sich gehen sieht."*[57]

Oskar

Der Fleischermeister Oskar ist ein Nachbar von Marianne und ihrem Vater. Er möchte Marianne gerne zur Frau und ist auch schon mit ihrem Vater handelseinig geworden.

Maske der bürgerlichen Anständigkeit

Wie der „Zauberkönig" hat sich Oskar „eine Maske der bürgerlichen Anständigkeit aufgesetzt"[58]. Er erscheint bieder und fromm. Nachdem Marianne ihre Verlobung mit ihm wegen Alfred gelöst hat, sehen die Leute daher in Oskar den bemitleidenswerten Verlassenen, der aber nichtsdestotrotz an seiner großen Liebe hängt.

---

56 www.ksluzern.ch/diversicum/arbeiten/horvath-r7b/horvath.htm (Stand: April 2007)
57 Mennemeier, Franz Norbert: *Modernes deutsches Drama*, S. 33 f.
58 Bartsch, S. 85

Seine wahren Gedanken gibt Oskar jedoch nicht preis. Gerade deshalb wirkt er auf die kleine Ida unheimlich (vgl. I, 2; S. 16). Oskar verbirgt sein wahres Ich hinter der Maske der Frömmigkeit. Aber es gelingt ihm nicht immer, „ den Widerspruch zwischen (religiösem) Schein und seinen sadistischen Trieben zu kaschieren."[59] So werden seine Küsse für Marianne zu Bissen (vgl. I, 2; S. 22) und auf der Verlobungsfeier „beweist" er seine Liebe zu Marianne, indem er sie mit einem Jiu-Jitsu-Griff „spielend kampfunfähig" (I, 2; S. 33) macht. Selbst die Tanten empfinden dieses Verhalten als roh (vgl. I, 2; S. 33).

Aber auch sprachlich gelingt es Oskar nicht immer, seine wahren Gedanken zu verstecken. Besonders deutlich wird das, nachdem Marianne die Verlobung mit ihm gelöst hat: „Mariann, ich wünsch dir nie, daß du das durchmachen sollst, was jetzt in mir vorgeht – und ich werde dich auch noch weiter lieben, du entgehst mir nicht –" (I, 4; S. 43). In dieser scheinheiligen Rede gibt sich der scheinbar dankbare Oskar „als aufgeblasen-selbstmitleidiger Verfechter der Moral und ebenso großherziger Mitmensch."[60] Aber er enttarnt sich durch seine nachgeschobene Formulierung. Nicht nur, dass sich durch die falsche Stellung des „nie" eine noch nachvollziehbare mögliche Betroffenheit des Verlassenen sofort in den versteckten Wunsch, es solle Marianne genauso ergehen, wendet, auch die sich widersprechenden Teilsätze, dass er Marianne zwar (angeblich) noch weiterliebe, sie ihm aber nicht entgehe, wirken wie „eine sprachliche Abbildung der unheimlichen Identifizierung von Liebesobjekt und Opfer."[61]

---

59 Ebenda, S. 85
60 Buck, S. 388
61 Haag, Ingrid *Horváth und Freud* (zitiert nach Buck, S. 388)

heuchlerischer Sadist

Hinter der Maske des leidenden großzügigen Biedermanns verbirgt sich ein heuchlerischer Sadist. Hier mischen sich „humane Rede und Drohrede, zum ‚Überbau' erstarrte Feinsinnigkeit und schlecht verhohlene Bestialität."[62] Auch Oskars ständiges Grinsen und Lächeln (vgl. u. a. I, 2; S. 16, II, 6; S. 67, III, 3; S. 100) charakterisiert ihn als „lauernden Sadisten"[63]. Denn wie Hobek belegt, wird das Lächeln in *Geschichten aus dem Wiener Wald* „geradezu zur mimischen Chiffre kaum mehr verhüllter Brutalität und Bösartigkeit der Figuren.[64] Seine bestialisch brutalen Gedanken bezüglich Marianne breitet Oskar vor Valerie aus, als er seinen Rachedurst plastisch in biblisch-kirchlicher Bildsprache ausmalt, bis Valerie entsetzt unterbricht (vgl. I, 6; S. 67). Und wer „die Sau" (I, 6; S. 67) ist, die Oskar danach „schon selbst abstechen" will, ist nun auch klar.

Als Oskar die Wahrscheinlichkeit sieht, dass Marianne zu ihm zurückkehrt bzw. kehren muss, verrät er abermals seine Brutalität. Zwar leugnet er, ein Sadist zu sein, aber gleichzeitig hält er es (hinter christlich-kirchlichen Vorstellungen getarnt) für selbstverständlich, dass Marianne (aus Liebe) geprügelt werden muss wie ein Hund, „wenn es nämlich sein muß" (III, 4; S. 106).

Der gleiche Oskar, der sich auf dem Familienausflug als „Kindernarr" und als „braver Familienvater" in spe zeigt (I, 3; S. 26), wünscht den Tod des kleinen Leopolds skrupellos herbei (vgl. u. a. II, 6; S. 66). „Er, der völlig lieblose Verfechter seiner ‚Liebe', hat keinerlei Interesse an der Erhaltung ‚fremden' Lebens."[65]

Somit ist Hermann Glaser zuzustimmen, der den Schluss der *Geschichten aus dem Wiener Wald* als einen „der deprimierendsten Dramenabschlüsse der Weltliteratur"[66] bezeichnet.

---

62 Ebenda, S. 388f.
63 Mennemeier, S. 31
64 Hobek, S. 43
65 Buck, S. 389
66 Glaser, S. 68

„Unter den Vertretern der inhumanen Gesellschaft in den ‚Geschichten aus dem Wiener Wald' flößt er [Oskar] zweifellos das größte Unbehagen ein, weil er ständig versucht, seine miese Existenz in der Kommunikation mit andern zu verbrämen oder zuzukleistern."[67]

Alfred

Alfred Zentner stammt eigentlich vom Land, aus der Wachau, wo seine Mutter und seine Großmutter immer noch leben. Er selbst wohnt nun in Wien, dort hat er auch kurzfristig als Bankangestellter gearbeitet. Wie Alfred seiner Mutter erklärt, hat er diesen seriösen Beruf aber aufgegeben, weil er ihm „keine Entfaltungsmöglichkeiten" geboten habe, er habe sich selbstständig gemacht und arbeite jetzt in „Finanzierungsgeschäfte[n] und so" (I, 1; S. 10). Aber seine Begründung für diesen „Berufswechsel" entlarven ihn bereits: „Wer heutzutage vorwärtskommen will, muß mit der Arbeit der anderen arbeiten" (I, 1; S. 10). Wie das aussieht, zeigt sich dann bereits in der ersten Szene des Stücks: Alfred „arbeitet" mit dem Geld seiner Großmutter und dem Geld seiner Geliebten Valerie, indem er es bei Wettgeschäften im Pferderennen einsetzt. Die „Entfaltungsmöglichkeit" dieser „Finanzierungsgeschäfte", d. h. die zwielichtige Bereicherungsmöglichkeit dieser Geldgeschäfte, wird von Valerie aber schnell enttarnt: Alfred betrügt sie bei den Gewinnbeteiligungen der Pferdewetten (vgl. I, 1; S. 13). Auch die Großmutter muss schließlich entsetzt erkennen, dass Alfred das von ihr unter vorgeschobenen Gründen geborgte Geld auf der Rennbahn verspielt hat (vgl. III, 2; S. 88).

Spieler

67 Buck, S. 389

Für Alfred sind nämlich die Großmutter und Valerie nur Mittel zum Zweck, gemäß seinem Grundsatz, „eine rein menschliche Beziehung wird erst dann echt, wenn man was voneinander hat. Alles andere ist Larifari." (I, 1; S. 14)
Alfred ist auf den ersten Blick nicht unbedingt unsympathisch, er kann auch zartfühlend sein, wie man sieht, als Valerie wegen des Grabes ihres verstorbenen Mannes traurig wird (vgl. I, 1; S. 14). Als die beiden sich trennen, bezahlt er akkurat Valeries ausstehende Gewinnbeteiligung (I, 2; S. 25). Auch verteidigt er Marianne gegen die Anfeindungen seiner Großmutter (vgl. II, 5; S. 60) und fühlt sich mitschuldig an Mariannes weiterem Schicksal (vgl. III, 2; S. 89).

verantwortungslos

Aber Alfred hat kein Verantwortungsbewusstsein. Auch mit Marianne möchte er eigentlich nur eine Liebelei. Der „Warencharakter" Mariannes wird schon in der Szene der ersten Begegnung zwischen Alfred und ihr angedeutet: Er entdeckt sie in der Auslage eines Schaufensters (vgl. I, 2; S. 24). Aber das Skelett, das mit in der Auslage steht, weist bereits auf den schnellen Tod ihrer Liebe hin.
Als Alfred merkt, dass Marianne sich nicht mit einer kurzen Liebelei begnügen will, sondern ihn ernstlich liebt und sogar für ihn ihre Verlobung mit Oskar lösen will, versucht er daher verzweifelt, seine Hals aus der Schlinge zu ziehen (vgl. I, 4; S. 40 ff.). Aber Marianne ist zu verliebt, um Alfreds wahre Beweggründe für seine Skrupel zu erkennen, seine Einwände lassen sie erst recht an seinen feinen Charakter glauben. Nur dadurch, dass Marianne ihre Verlobung offiziell auflöst und sich zu ihm bekennt, wird er gezwungen, eine weitere Beziehung mit ihr zu führen und bei ihr zu bleiben („Ich trag natürlich sämtliche Konsequenzen, wenn es sein muß", I, 4; S. 42).

Alfred ist zwar kurzfristig bereit, mit ehrlicher Arbeit seinen Lebensunterhalt zu verdienen und damit sein bisheriges „Nichtsnutzerdasein"[68] zu beenden, aber er scheitert, entpuppt sich vielmehr als der gleiche egoistische Tyrann wie der „Zauberkönig" (vgl. die Parallelität der „Sockenhalterszene" in I, 2; S. 19 ff. und II, 2; S. 47 f.). Schließlich vermittelt Alfred Marianne über seinen Freund Hierlinger sogar an die Baronin, die „Tänzerinnen" für zwielichtige Etablissements zusammenstellt, und verlässt Marianne.
Wie wenig Alfred von Anfang an bereit war, Verantwortung zu übernehmen, zeigt sich auch daran, dass er zwar mit Marianne zusammenlebt und ein Kind mit ihr hat, aber nicht bereit ist, sie zu heiraten. Auch das Kind wollte er gegen Mariannes Widerstand abtreiben lassen. Als das misslingt, schiebt er es zu seiner Mutter in die Wachau ab.
Seinem Freund Hierlinger gegenüber gesteht Alfred ungerührt, dass er nach kurzer „Leidenschaft" jetzt nur noch „Mitleid" mit Marianne empfinde (vgl. II, 3; S. 50). Aber selbst dieses „Mitleid" führt Alfred gleich wieder ad absurdum, als er Marianne als „boshaftes Luder" (II, 3; S. 50) bezeichnet und mit größter Selbstverständlichkeit erzählt, dass er Marianne gezwungen habe, ihr Kind abtreiben zu lassen. Schließlich trauert er seiner Vergangenheit als charmanter Schmarotzer, der auf Kosten seiner älteren Geliebten lebte, nach und bittet Hierlinger unverblümt, ihm zu helfen, aus seiner „unglückseligen Bindung [zu Marianne] herauszukomm[en]" (II, 3; S. 52).
Kaum ist er Marianne los, nimmt Alfred wieder sein altes Leben auf: Er erschwindelt sich von seiner Großmutter Geld und wettet wieder bei Pferderennen. Am Ende des Stücks ist Alfred wieder mit Valerie zusammen und lässt sich auch wieder von ihr aushalten. Er hat sein altes Leben als Spieler

68 www.ksluzern.ch/diversicum/arbeiten/horvath-r7b/horvath.htm (Stand: April 2007)

und Charmeur („was kann ich denn dafür, daß ich auf die Frauen so stark wirk?!" – III, 3; S. 98) wieder aufgenommen.

Charmeur

„Am Schluss ist er froh, wieder bei Valerie Unterschlupf finden zu können. Gerade wegen der Verschmelzung von Erotik und Geschäft passen die beiden trotz des Altersunterschieds bestens zusammen. Symbiotisch im Geldvorstrecken wie im Betrug (wobei diesem wohl nur durch das Stück ein Ende gemacht wird; vgl. Alfreds ‚hinterlistiges' Lächeln in Hinsicht auf einen möglichen Wettgewinn) ist die beidseitige Ergänzung perfekt."[69]

Alfred ist weder willens noch fähig, sich weiterzuentwickeln. Ähnlich wie Oskar und der „Zauberkönig" versucht er aber, sein wahres Wesen hinter kaschierenden Worthülsen zu verstecken. Alfred zeigt sich so zwar eloquent, aber dadurch, dass er seine Reden seinen oft wechselnden Interessen ständig anpasst und sie mit Ausreden (z. B. auf die schlechten Zeiten – I, 1; S. 9 – oder das Schicksal – I, 3; S. 29) und mit Lügen (etwa über seine Gefühle – II, 2; S. 49 – u. a. oder sein Verantwortungsbewusstsein – I, 4; S. 41 – II, 2; S. 49 – II, 3; S. 50 – u. a.) spickt, demaskiert er seinen im Grunde egoistischen Charakter.

„Mit seiner Sprache – oszillierend zwischen Raffiniertheit, unwiderstehlichem Charme sowie unterkühlter Larmoyanz einerseits und ebenso unterkühlter Brutalität andererseits – schleicht er sich ein, mit seiner Sprache stiehlt er sich wieder fort."[70]

Alfred ist auch nicht wirklich bereit, seine Schuld einzusehen und einzugestehen, vielmehr schiebt er schließlich alle Schuld Marianne zu, die durch ihren Widerstand gegen die Finanzierung durch Pferdewetten letztendlich die Beziehung zerstört

69 Hobek, S. 65
70 Ebenda, S. 65

hätte (vgl. III, 3; S. 98). Auch als er sich mit Oskar versöhnt, geschieht dies auf Kosten Mariannes (vgl. III, 3; S. 94), wobei die anbiedernde verständnisvolle Einigkeit zwischen Alfred und Oskar entlarvend genug ist und für sich spricht.

Valerie

Valerie ist die etwa 50-jährige Witwe eines Kanzleiobersekretärs. Sie besitzt einen kleinen Tabak- und Zeitschriftenladen und leidet unter ihrem Alter und ihrer Einsamkeit (vgl. I, 1; S. 14 f. u. a.). Daher lässt sie sich auf Beziehungen mit jüngeren Männern (z. B. Alfred und Erich) ein und ist auch bereit, dafür zu bezahlen. Valerie ist aber auch den Annäherungsversuchen des „Zauberkönigs" gegenüber nicht abgeneigt. Aber weder der „Zauberkönig", der sich auch in ihrer Gegenwart nicht scheut, mit anderen anzubandeln (vgl. III, 1; S. 72 und 80), noch Alfred, der primär wegen ihres Geldes bei ihr bleibt (vgl. I, 1; S. 13 f.) meinen es ehrlich mit ihr. Eifersüchtig muss sie erleben, wie Alfred sie für eine Jüngere (Marianne) stehen lässt (vgl. I, 2; S. 25), und auch der „Zauberkönig" betrachtet sie weniger als Frau denn als „Ware", die man ungeniert begutachten kann (vgl. I, 3; S. 35), bevor man sie ausprobiert und gegen bessere/frischere austauscht (vgl. III, 1; S. 80).

Beziehungen mit jüngeren Männern

Die größte Demütigung erfährt Valerie jedoch von dem jungen Studenten Erich. Er nutzt sie aus, um während seiner Studienzeit in Wien umsonst wohnen und sich kostenlos mit Zigaretten versorgen zu können. Sobald er Valerie nicht mehr braucht, lässt er sie fallen. Valerie ist sich schmerzlich bewusst, dass sie die jungen Männer „kaufen" muss (vgl. III, 1; S. 74), und in ihrer Verzweiflung neigt sie dazu, dem Alkohol zuzusprechen (vgl. I, 3; S. 34, III, 1; S. 83).

von den Männern ausgenutzt

Wie Marianne wird auch Valerie von den Männern ausgenutzt. Da sie aber aufgrund ihrer Witwenrente und ihres Ladens sich selbst gut ernähren kann, wird sie nicht wie Marianne sozial vernichtet. Ansatzweise gelingt es Valerie sogar, das unpersönlich verantwortungslose Gerede der Männer, besonders bei Alfred, ironisch-spöttisch zu hinterfragen. Aber ihr gelingt „keine umfassende Kritik am Patriarchat".[71]

Valerie ist jedoch die Einzige, die auf Mariannes „Nacktauftritt" im „Maxim" mit Entsetzen, Trauer und Mitleid reagiert (vgl. III, 1; S. 82 f.), wenngleich auch auf recht hysterische Art und Weise und ohne langfristige Konsequenzen. Da Valerie klar ist, dass Marianne besonders nach ihrem Gefängnisaufenthalt aus eigener Kraft nicht mehr auf die Beine kommen kann, versucht sie Marianne mit ihrem Vater und mit Oskar zu versöhnen.
Valerie hat ihren eigenen Stolz schon längst aufgegeben, um überleben zu können (vor allem in Bezug auf ihre Männerbeziehungen), und glaubt daher, „hin- und hergerissen zwischen weiblichem Mitgefühl und schon längst verinnerlichten Normen der Welt der Männer"[72], auch Marianne ihren Stolz austreiben zu müssen (vgl. III, 3; S. 92), um sie mit ihrem Vater und Oskar versöhnen zu können.
Auch dem „Zauberkönig" gegenüber verfällt Valerie in das machofreundliche Klischee der Frau, indem sie Mariannes Verhalten damit entschuldigt, dass diese doch „nur ein dummes Weiberl – ein ganz armes dummes Weiberl –" (III, 3; S. 96) sei. Diese Sicht der Frau wird vom „Zauberkönig" natürlich sofort dankbar übernommen.

71 Ebenda, S. 65
72 Ebenda, S. 65

Marianne macht Valerie jedoch klar, dass sie die verlogene Versöhnung aller mit allen, diesen „Amoklauf der Unehrlichkeit"[73] durchschaut und nur wegen ihres Kindes mitmacht (vgl. III, 3; S. 101). So trägt Valerie, obwohl sie noch die am ehesten unkonventionelle Person des Stückes ist, schließlich ebenso zum Untergang Mariannes bei wie die „traditionsbewussten" Kleinbürger.
Bei ihrer eigenen Versöhnung mit Alfred zeigt Valerie zunächst Stärke (Charakter), indem sie Alfreds rhetorisches „Entschuldigungsgelaber" zunächst ins Leere laufen lässt und ihn zwingt, sich zumindest teilweise zu demaskieren. Nachdem Valerie ihm gezeigt hat, dass sie ihn durchschaut, kauft sie ihn sich mit dem Geldangebot für seine Pferdewetten jedoch wieder ein (vgl. III, 3; S. 99).
Valerie ist nun zwar nicht mehr allein, aber auch ihre Beziehung zu Alfred reiht sich in die Pseudobeziehungen nach der Generalversöhnung ein. Wie Marianne hat auch sie verloren und sich wieder der Herrschaft der Männer untergeordnet. So erweist sich auch Valerie (mehr noch als Marianne) als „ganz armes dummes Weiberl" (III, 3; S. 96).

Die übrigen Personen des Stückes sind nur Randfiguren, die einzelne Aspekte der von Horváth kritisierten Kleinbürgerwelt verkörpern:

Rittmeister

So steht der Rittmeister für das untergegangene k. u. k. Österreich. Mit seinem adretten Auftreten und seinem überhöflichen charmanten Gehabe (vgl. etwa sein Lob auf Oskars Blutwurst – I, 2; S. 16 f. u. a.) wirkt er zunächst wie eine Karikatur dieser Zeit. Bei genauerem Hinsehen erkennt man allerdings, dass sich hinter

73 Wertheimer, S. 163

dieser Fassade ein anderer verbirgt. So wünscht er sich aus finanziellen Gründen skrupellos (Beförderung), dass der Krieg 14 Tage länger gedauert hätte (vgl. I, 2; S. 18), und auch im Streitgespräch mit Erich fällt er unangenehm aus der Rolle (vgl. II, 6; S. 63).
Am deutlichsten wird aber sein hämisch brutales Wesen, als er die ganze Gesellschaft ins „Maxim" führt, um sich an ihrem Schrecken über den unerwarteten „Nacktauftritt" von Marianne zu weiden. Seine Behauptung, er habe Vater und Tochter versöhnen wollen und ihren Streit nicht länger ansehen können, erscheint (auch aufgrund seiner langen Planung und der „pikanten" Ankündigung – III, 1; S. 77) unglaubwürdig.

> *„Seine ‚altruistischen' Absichten sind genauso wenig für bare Münze zu nehmen wie Oskars Ausspruch, er sei kein Sadist, bzw. Alfreds Beteuerung, er sei kein (egoistischer) ‚Verstandesmensch'."*[74]

Auch sein ständiges Kontrollieren der Lotterieziehungsergebnisse (vgl. I, 2; S. 18 und III, 3; S. 91) entlarvt den Rittmeister als ebenso spiel-/wettsüchtig wie Alfred.

Erich

Der junge deutsche Jurastudent Erich, ein Neffe des „Zauberkönigs", verkörpert den Teil des (studierten) Kleinbürgertums, der mit der aufkommenden Ideologie des Nationalsozialismus sympathisiert (s. Kapitel 1.2 dieser Erläuterung). Durch seinen „Heil"-Gruß (vgl. I, 3; S. 31) und seine rassistischen Äußerungen (vgl. I, 3; S. 31 und II, 6; S. 63) gibt Erich seinen politischen Standort deutlich zu erkennen.
Um ihn sich gewogen zu machen, lässt sich auch Valerie zu antisemitischen Äußerungen hinreißen (vgl. I, 3; S. 31). Raffiniert

74 Hobek, S. 53

gibt Erich Valerie zu verstehen, dass er mit jungen Mädchen nichts anfangen könne und mehr auf reifere Frauen stehe. Als Valerie ihn als Geliebten aufnimmt, nutzt er sie schamlos aus, um sie dann arrogant fallenzulassen, als er sie nicht mehr braucht. Erich versäumt es auch nicht, immer wieder zu betonen, dass es Ehrensache sei, Valerie (seine Schulden) zu bezahlen. Damit stellt er Valeries „Liebesdienste" als bezahlbar hin und stempelt sie als käuflich (Hure) ab.
Erich verkörpert auf unangenehm abstoßende Weise das überheblich rassistisch gesinnte Kleinbürgertum, aus dem sich die spätere Anhängerschaft der Nationalsozialisten rekrutierte. Die Regieanweisung „Totenstille", nachdem sich Erich selbst kommandiert und als „Division" bezeichnet hat (vgl. III, 1; S. 74), kann so auch als „textueller prophetischer Fingerzeig auf die Ruhe vor dem Toben der ‚Sturm'-Abteilungen"[75] gelesen werden.

Alfreds Großmutter

Alfreds Großmutter lebt mit ihrer Tochter Frieda, Alfreds Mutter, in der Wachau. Die Großmutter ist fast 80 Jahre alt und vermögend. Sie liebt Alfred abgöttisch und versucht ihn dazu zu bringen, sich von Marianne, der sie alle Schuld zuschiebt, zu trennen. Sie bietet Alfred in diesem Fall sogar Geld an (vgl. II, 5; S. 60). Skrupellos stellt sie ihren Urenkel, den kleinen Leopold, nachts in die Zugluft, bis er todkrank wird und stirbt. Scheinheilig rechtfertigt sie die Tat als Tilgung einer Sünde und diktiert ihrer Tochter voll Selbstgerechtigkeit einen vor falscher Frömmigkeit strotzenden Brief an Marianne, in dem sie sie über den Tod ihres Kindes informiert.
Die Großmutter ist stolz auf ihre bürgerliche Fassade und daher von Alfreds unbürgerlicher wilden Ehe und seinem

75 Ebenda, S. 56

unehelichen Kind wenig angetan. Auch ihrer Tochter wirft sie zehn Jahre nach dem Tod deren Mannes immer noch vor, dass ihr Mann ein Alkoholiker gewesen sei, der ihre ganze Mitgift „versoffen" (III, 2; S. 89) habe. In ihrer frömmelnden Bigotterie übertrifft sie fast noch Oskar, der ihr ja auch bezeichnenderweise am Ende das Leben rettet.

Alfreds Mutter

Alfreds Mutter Frieda kann sich gegen die Großmutter nicht durchsetzen. Ihre seltenen Versuche, der Großmutter Einhalt zu gebieten, werden von dieser brutal niedergeschlagen (vgl. etwa III, 4; S. 104 f.). Befremdlich ist auch, dass die Mutter zwar beobachtet, dass die Großmutter den kleinen Leopold umbringen will, aber nicht einschreitet, obwohl sie erkannt hat, dass ihre Mutter bereits den kleinen Ludwig getötet hat (vgl. III, 2; S. 90). Auch ihr Verhältnis zum „liebe[n] Alfred (I, 1; S. 11) ist unecht.

Havlitschek

Oskars Gehilfe Havlitschek, ein ständig Wurst „fressender" „Riese mit blutigen Händen und ebensolcher Schürze" (I, 2; S. 16) ist so etwas wie die „Suppositionsfigur"[76] Oskars. Er gehört nicht zum Kleinbürgerstand, sondern ist Proletarier. Havlitschek muss daher auch keine bürgerlich anständige Fassade wahren, sondern kann sagen, was er denkt, während Oskar seine wahren Gefühle hinter einer (sprachlich) biederen Bürgermaske verstecken muss.
Havlitschek macht keinen Hehl daraus, dass er die kleine Ida, die Kritik an seiner Blutwurst geübt hat, am liebsten wie eine Sau „abstechen" (I, 2; S. 16) würde. Oskar muss seine Gefühle verschweigen, aber Ida hat vor dessen Blick mehr Angst als vor Havlitscheks Messer (vgl. I, 2; S. 16). Havlitschek kann

76 Gamber, Herbert: *Sinds nicht tierisch?(* zitiert nach Bartsch, S. 85)

auch ungeniert seine pervers abwertende Meinung über Frauen verkünden (vgl. II, 1; S. 46) und dementsprechend auch das Hausmädchen Emma behandeln, mit der er sich gerade verabredet hat. Oskar, der ähnliche Gedanken hegt, kann seine Meinung hingegen nicht so unverblümt äußern und muss sie in bildlich verklausulierter Weise von sich geben (vgl. etwa II, 6; S. 66 f.).

2.5 Sachliche und sprachliche Erläuterungen

Textbeleg	Erklärung
I, 1; S. 9	*Wachau:* Landschaft in Niederösterreich
I, 1; S. 9	*Walzer „Geschichten aus dem Wiener Wald" von Johann Strauß:* Op. 325 des österreichischen Komponisten Johann Strauß (1825–1899), dem sog. Walzerkönig. Eigentlicher Titel: *Geschichten aus dem Wienerwald.* Horváth wählte die Getrenntschreibung – v. a. auch im Titel seines Volksstückes – bewusst, um klarzumachen, dass es sich dabei nicht um eine Inszenierung des Walzers handelt.
I, 1; S. 9 u. ö.	*Stille:* Besonders wichtige Regieanweisung in Horváths Stücken. Er schreibt dazu: „Bitte achten Sie genau auf die Pausen im Dialog, die ich mit ‚Stille' bezeichne – hier kämpft sich [sic!] das Bewußtsein oder Unterbewußtsein miteinander, und das muß sichtbar werden."[77]
I, 1; S. 9	*Krise und Wirbel:* Weltwirtschaftskrise ab 1929
I, 2; S. 15	*achter Bezirk:* Wiener Gemeindebezirk, Wohnviertel des alteingesessenen Wiener Bürgertums
I, 2: S. 15	*Fleischhauerei:* (österr.) Metzgerei, Fleischerei

77 Horváth, Ödön von: *Gebrauchsanweisung*. In: Ödön von Horváth: Gesammelte Werke. Kommentierte Werkausgabe in Einzelbänden, Band 11 (1988), S. 257

I, 2; S. 16	*Trafik*: (österr.) (kleiner) Laden
I, 2; S. 16	*Zusammenbruch*: Zusammenbruch der k. u. k. Doppelmonarchie Österreich-Ungarn nach dem Ersten Weltkrieg. Am 12. 11. 1918 wurde die Republik Deutsch-Österreich (ab 1919 I. Republik Österreich) proklamiert.
I, 2; S. 17	*Gourmand*: (frz.) Vielfraß, Schlemmer, von Havlitschek absichtlich oder unabsichtlich mit (frz.) Gourmet (Feinschmecker) verwechselt.
I, 2; 23	*Ave Caesar, morituri te salutant*: (lat.) „Sei gegrüßt Kaiser, die Todgeweihten grüßen dich!", nach dem röm. Schriftsteller Sueton (ca. 70–140 n. Chr.) Begrüßungsworte der Gladiatoren an den Kaiser Claudius vor den Kämpfen.
I, 3; S. 25	*Kassel in Preußen*: 1930/31 (zur Handlungszeit des Stücks) war Kassel Hauptstadt der preußischen Provinz Hessen-Nassau.
I, 3; S. 28	*Brüder Karamasow*: Roman von Fedor M. Dostojewskij (1821–1881), war 1930 gerade unter dem Titel „Der Mörder Dimitri Karamasow" mit großem Staraufgebot wieder verfilmt und 1931 in Berlin und Wien uraufgeführt worden.
I, 3; S. 28	*Bolschewismus*: Von Wladimir Iljitsch Lenin (1870–1924) geführter revolutionärer Flügel der Sozialdemokratischen Partei Russlands, aus ihm entwickelte sich die Kommunisti-

	sche Partei der Sowjetunion; hier als Synonym für Kommunismus gebraucht.
I, 3; S. 31	*Heil!*: verkürzte nationalsozialistische Grußformel, seit 1925 war „Heil Hitler!" offizieller Gruß der Nationalsozialisten.
I, 3; S. 33	*Jiu-Jitsu:* japanische Selbstverteidigungstechnik
I, 4; S. 42	*bricht der Sklave seine Fessel:* vgl. Schillers Gedicht *Die Worte des Glaubens* (1797): „Vor dem Sklaven, wenn er die Kette bricht,/Vor dem freien Menschen erzittert nicht!"
II, 1; S. 46	*Sphinx*: sagenhaftes Wesen aus der griech. Mythologie (Ungeheuer mit dem Kopf einer Frau und dem Körper eines geflügelten Löwen); hier als Synonym für eine rätselhafte Frau gebraucht.
II, 2, S. 46	*achtzehnter Bezirk*: Wiener Gemeindebezirk, gilt als vornehme Wohngegend.
II, 3; S. 53	*Schwarzer*: (österr.) Kaffee ohne Milch
II, 3; S. 54	*heiliger Antonius:* Antonius von Padua (1195–1231), Schutzheiliger der Ehe und Helfer für das Wiederauffinden verlorener Gegenstände.
II, 5; S. 61	*Nach Frankreich:* Im Gegensatz zu anderen europäischen Staaten und den USA wirkte sich in F. die Weltwirtschaftskrise nicht aus.

II, 7; S. 69	*Bürgerschul:* Bis 1927 in Österreich Form der vierjährigen Hauptschule, also 5.–8. Schuljahr
III, 1; S. 71	*Heuriger*: (österr.) ursprünglich Bezeichnung für Most und Wein der letzten Ernte, bezeichnet aber auch die Lokale (meist in den Weinorten rund um Wien), in denen der neue Wein ausgeschenkt wird, typische Institution und (Touristen-)Attraktion in Wien.
III, 1; S. 71	*Schrammelmusik*: besonders beim Heurigen gespielte volkstümliche Wiener Musik, benannt nach den Brüdern Johann und Josef Schrammel, Instrumente: zwei Geigen, Ziehharmonika und Gitarre.
III, 1; S. 77	*Maxim:* berühmtes Wiener Nachtlokal mit erotischem Showprogramm
III, 3; S. 97	*Gang nach Canossa*: bezieht sich auf den Bußgang Kaiser Heinrichs IV. (1050–1106) nach Canossa/Oberitalien, um sich von Papst Gregor VII. (1020–1085) vom Kirchenbann lossprechen zu lassen; hier gebraucht als Synonym für einen als erniedrigend empfundenen Bittgang.

2.6 Stil und Sprache

Die Sprache Horváths in seinem Stück *Geschichten aus dem Wiener Wald* ist

> *„ein höchst komplexes ‚Kunstwelsch', wobei das raffiniert Artistische besonders in der dialogischen Ebene (Doppelbödigkeit, Täuschungsfunktion, ‚Stille') festzumachen ist."*[78]

Horváths Figuren sprechen keinen Dialekt. Das wird besonders deutlich im Vergleich mit den eingebauten Wiener Mundartliedern. Die Figuren bemühen sich vielmehr, einen gehobenen „Bildungsjargon"[79] zu sprechen, den Horváth der realen Sprache der Wiener Cafés und Vorstädte nachempfunden hat und der (seiner Meinung nach) typisch für die kleinbürgerliche Sprechweise ist.

Bildungsjargon

Die Figuren versuchen so, ihre Dummheit bzw. Halbbildung hinter einer Sprache zu verbergen, die sie sich durch „eifriges Zuhören bei Volksschullehrern, Politikern, Pfarrern und Filmschauspielern"[80] angeeignet haben und mit der sie glauben, gebildet zu wirken.
Sie versuchen Hochdeutsch zu sprechen, können aber in Wortschatz, Syntax und Morphologie ihre Herkunft aus dem süddeutsch-österreichischen Sprachraum sowie ihr wirkliches Bildungsniveau nicht leugnen. Heraus kommt so oft eine gestelzte, abgehobene, fast „synthetische"[81] Sprache, „so wie jemand [spricht], der sonst nur Dialekt spricht und sich nun zwingt, hochdeutsch zu reden."[82]

---

78 Hobek, S. 44

79 Horváth, Ödön von: *Interview*. In: Ödön von Horváth: Gesammelte Werke. Kommentierte Werkausgabe in Einzelbänden, Band 11 (1988), S. 219

80 Hollmann, Hans: *Einige Grundsätze für künftige Horváth-Regisseure*, S. 97

81 Hobek, S. 45

82 Horváth, Ödön von: *Interview*. In: Ödön von Horváth: Gesammelte Werke. Kommentierte Werkausgabe in Einzelbänden, Band 11 (1988), S. 219

Horváth gelingt es, dass seine Figuren sich durch den Gebrauch dieses „Bildungsjargons" selbst demaskieren, ohne es zu merken. „Nichts gibt so sehr das Gefühl der Unendlichkeit als wie die Dummheit." (S. 7, den *Geschichten aus dem Wiener Wald* vorangestelltes Motto.)
Ein weiteres Merkmal dieser Sprache ist auch, dass die Figuren hinter ihren Worthülsen und dem ganzen „angelernten Bildungsbrei"[83] ihre Falschheit und Brutalität (mehr oder weniger gekonnt) verbergen können (vgl. Kapitel 2.4 der vorliegenden Erläuterung).

Verschiedene Sprach- und Stilmittel, die Horváth in seinem Stück verwendet, werden im Folgenden in Auswahl kurz dargestellt:[84]

Sprachliches Mittel/Stil	**Erklärung**	**Textbeleg**
häufiger Gebrauch von Indefinitpronomen und Partikeln	anonymisiert die Sprache, bietet den Figuren die Möglichkeit, ihre wahren Gedanken zu verbergen	I, 2; S. 21 – I, 2; S. 24 – I, 3; S. 38 – III, 3; S. 94 u. a.
Klassikerzitate, lateinische Zitate	soll Bildung betonen, entlarvt aber das Pseudo-Bildungsniveau der Sprecher	I, 2; S. 23 – III, 1; S. 79 – III, 3; S. 100 u. a.
Fremdwort- und Fremdsprachengebrauch	sprachliches Imponiergehabe	I, 3; S. 27 – I, 3; S. 30 – II, 3; S. 50 u. a.

83 Emrich, Wilhelm: *Die Dummheit oder Das Gefühl der Unendlichkeit*, S. 144
84 Vgl. hierzu auch: Hobek, S. 44–59, Buck, S. 386 f., Nolting, Winfried: *Drama des Tonfalls*, S. 116–137

Sprachliches Mittel/Stil	**Erklärung**	**Textbeleg**
„tierische" Beschimpfungen und Bezeichnungen	entlarvt Inhumanität der Personen und ihr boshaftes Gegen- und Miteinander	I, 2; S. 23 - I, 3; S. 34 f. - III, 1; S. 79 f. - III, 1; S. 86 u. a.
Gebrauch von Floskeln	dient der Täuschung und Irreführung der Gesprächspartner	I, 1; S. 9 - I, 4; S. 39 ff. u. a.
„künstlich" gehobene Sprache	ironische Darstellung des vergeblichen Versuchs der Figuren, gebildet und gepflegt zu sprechen	bes. I, 4; S. 39 ff. u. a.
„Stille" „Totenstille" (Regieanweisungen)	vertieft oder entlarvt das vorher Gesprochene, zwingt den Zuschauer, über das Gesagte nachzudenken	I, 1; S. 11 - I, 2; S. 25 - II, 2; S. 48 - III, 1; S. 74 u. a.

2.7 Interpretationsansätze

Alle Interpretationsansätze zu *Geschichten aus dem Wiener Wald* darzustellen, würde den Rahmen dieser Publikation sprengen. Es werden daher im Folgenden nur einige Sichtweisen herausgegriffen und kurz vorgestellt.

Horváth bezeichnet seine *Geschichten aus dem Wiener Wald* als Volksstück und stellt das Stück damit in eine Traditionsreihe.

> *„Das Volksstück ist im Gegensatz zum bäuerlichen Volksschauspiel und der Dorfkomödie (Bauerntheater) eine Gattung von Bühnenstücken für städtische Volkstheater und Vorstadtbühnen mit einer aus dem Volksleben entnommenen Handlung in volkstümlich schlichter, leichtverständlicher Form, die jedoch durch Einlagen von Musik, Gesang und Tanz sowie Anwendung von Effekten, Sentimentalitäten und ähnlichen niederen Elementen dem Geschmack des Großstadtpublikums entgegenkommt, ohne den oft ernsten und tragischen Grundton zu verlieren. Reichste Entfaltung findet sie in Hamburg, Berlin und besonders Wien, meist mit Übergang in das Lokalstück."*[85]

Aus dem heiter-volkstümlichen Schauspiel des barocken Volkstheaters, das besonders in Wien gepflegt und hier vor allem auf den sogenannten Vorstadtbühnen aufgeführt wurde, entwickelte sich allmählich das Wiener Volksstück.

Arten des Wiener Volksstückes

Die Arten des Wiener Volksstückes lassen sich in drei Hauptgruppen einteilen: Neben den Zauber- und Besserungsstücken, etwa den Feenmärchen und Zauberpossen, müssen hier die Parodie und Travestie sowie die Lokalposse genannt werden.[86]

85 www.hak-graz.at/tele1/Kroutil/Horvath.doc (Stand: April 2007)
86 Vgl. ebenda

Bekannteste Vertreter des Wiener Volksstücks sind Ferdinand Raimund (1790–1836), Johann Nestroy (1801–1862) und Ludwig Anzengruber (1839–1889). Während Raimund, der „Vater" der lokalen Zauberposse, gemüthafte tragik-komische phantasiebeschwingte Märchenspiele schuf, schrieb sein Rivale Nestroy entlarvende Satiren. Während es Raimund um die Wiederherstellung der Ordnung in einer eigentlich intakten Welt ging, wollte Nestroy gesellschaftliches und individualtypisches Fehlverhalten bloßstellen, demaskieren und lachend verhöhnen.
Nach Nestroys Tod verfiel das Wiener Volkstheater niveaumäßig zusehends und verkam immer mehr zu Vorstadtulk und Gassenschmiere. Erst Anzengruber gelang eine Neubelebung der Gattung. In seinen ausschließlich sittlichen Zwecken dienenden Volksstücken zeichnete er in bäuerlichem Milieu realistische Charaktere und ihre soziale Problematik.

Horváth stellt sich ausdrücklich in die Tradition des „klassischen" Volksstücks (siehe Kapitel 5 der vorliegenden Erläuterung). Er sieht sich allerdings weniger in der Nachfolge Anzengrubers, dessen oft unsensible und pathetische Sprachgestaltung er ablehnt. Vielmehr versteht sich Horváth als Nachfolger Nestroys, dessen demaskierender Sprachwitz ihm als Vorbild gilt.

Horváth als Nachfolger Nestroys

Allerdings ist Horváth der Auffassung, dass der heutige Mensch (das heutige „Volk") sich im Wesentlichen für heutige Probleme interessiere. „Will man also das alte Volksstück heute fortsetzen, so wird man natürlich heutige Menschen aus dem Volk [...] auf die Bühne bringen [müssen]."[87]

87 Horváth, Ödön von: *Interview*. In: Ödön von Horváth: Gesammelte Werke. Kommentierte Werkausgabe in Einzelbänden, Band 11 (1988), S. 200

Horváth sieht sich als „dramatischer Chronist"[88] seiner Zeit und will daher auch seine skeptische Einstellung zu der Möglichkeit bzw. dem Willen des heutigen Menschen, sich zu einem hundertprozentigen sozialen Wesen zu entwickeln, darstellen.
Um das Heute im Volksstück umsetzen zu können, glaubt Horváth, dass alte Volksstück erneuern zu müssen, indem er es formal und ethisch „zerstört".[89]
Das gelingt ihm nur zu gut:

> *„[Sein] Volksstück schlägt um ins Antivolksstück. [...] Die alten Volksstückfiguren lassen wie im Angsttraum sich wiedererkennen. [...] Die neue Geborgenheit, die da vorgestellt wird, explodiert und offenbart sich als Kleinhölle. Die heile Welt [...] ist die des vollendeten Unheils, die Volksgemeinschaft der Kampf aller gegen alle."*[90]

Sieht man sich die *Geschichten aus dem Wiener Wald* diesbezüglich an, so entdeckt man schnell die Doppelbödigkeit des Stücks. Vordergründig entspricht es zwar dem normalen Schema der gängigen Volksstücke: „Paare werden getrennt und finden nach einigen Wirren in einem erlösenden happyending wieder zueinander."[91] Sogar ein „Zauberkönig" wie in Raimunds Stücken tritt auf. Aber „kaum etwas ist wirklich so, wie es vordergründig erscheint".[92] Schon der Titel irritiert. Er klingt wie der Name eines berühmten Walzers von Johann Strauß – also Weinseligkeit, Operettenszenerie und Wiener Gemütlichkeit? Nein, weit gefehlt! Schon die Schreibweise enttarnt: Aus dem „Wienerwald" wird ein „Wiener Wald". „Durch

88 Ebenda, S. 101
89 Ebenda, S. 101
90 Adorno, T. W.: *Reflexionen über das Volksstück* (zitiert nach www.zum.de, gesehen März 2007)
91 Bartsch, S. 80
92 Krischel, S. 21

die kaum merkliche Änderung der Schreibweise [...] wird die Art der Abbildung dieser österreichischen Tradition sichtbar: Da wird etwas ‚auseinandergenommen', wörtlich und im übertragenen Sinne."[93] Es gibt einen Bruch zwischen der idyllisch-harmonischen (Klischee-)Vorstellung und der Realität.

„[...] die gezeigte Wiener Vorstadt ist spießig und trostlos. Der ‚Zauberkönig' und der ‚gutmütige' Metzger Oskar entpuppen sich als typische Kleinbürger, die hinter der Maske der Ehrbarkeit egoistische Berechnung und sadistische Triebhaftigkeit verbergen. Selbst der in Amerika reich gewordene Heimkehrer, der in den alten Volksstücken quasi als Deus ex Machina die Rettung brachte, bringt hier für die weibliche Hauptfigur Marianne die totale (gesellschaftliche) Vernichtung."[94]

„Für Horváth war ‚das Volk' der ‚Kleinbürger' seiner Zeit."[95] Und für, aber auch über dieses „Volk" schreibt Horváth in seinen Volksstücken. Ihm hält er den entlarvenden Spiegel vor. Aber was stört Horváth als „dramatische[n] Chronist[en]"[96] seiner Zeit an diesem Kleinbürgertum?

Tragödie des menschlichen Miteinanders

Primär ist es wohl „die Tragödie des menschlichen Miteinanders", die Horváth hier mit „zynischem Blick entlarvt": „Zuneigung und Gefühl werden zu Spielsteinen in einem grausamen Spiel. Gegenseitiges Ausnutzen und Gleichgültigkeit bestimmen den Alltag."[97]

Besonders die Frauen sind Opfer dieser Einstellung. Sowohl Marianne als auch Valerie und Emma werden von den Männern um ihre Gefühle betrogen und getäuscht. Mariannes

93 www.ksluzern.ch/diversicum/arbeiten/horvath-r7b/horvath.htm (Stand: April 2007)
94 Krischel, S. 21
95 Ebenda, S. 20
96 Horváth, Ödön von: *Interview.* In: Ödön von Horváth: Gesammelte Werke. Kommentierte Werkausgabe in Einzelbänden, Band 11 (1988), S. 201
97 Krischel, S. 21

Liebe zu Alfred wird von ihm nur verbal erwidert. Eigentlich will er an dem jungen naiven Mädchen nur „eine gewisse normale Leidenschaft" (II, 3; S. 50) befriedigen. Schon ihre erste Begegnung, bei der Alfred Marianne quasi als Ware in der Schaufensterauslage beobachtet und begutachtet (vgl. I, 2; S. 24), deutet die Ebene ihrer zukünftigen Beziehung an. Wie eine Ware „verhökert" Alfred ja dann auch die ihm lästig und überflüssig gewordene Marianne über seinen Freund Hierlinger an die Baronin, in deren Etablissement sich Marianne als Nackttänzerin „verkaufen" muss.

Zuneigung und Gefühl ist auch in der Beziehung Marianne – Oskar nicht vorhanden. Marianne fühlt sich von Oskar sogar fast abgestoßen und sieht das Verhältnis rein als schicksalsgegeben (vgl. I, 3; S. 28 f.) und auch Oskars Gefühle für Marianne sind suspekt (vgl. Kapitel 2.4 der vorliegenden Erläuterung): „Die Frau wird als seelenloses, vom Mann zu domestizierendes Wesen und als sein Besitz verstanden, mit dem er nach Belieben Handel treiben kann."[98] Mariannes Vater, der „Zauberkönig", gibt Oskar, seinem (Wunsch-)Schwiegersohn in spe, diesbezüglich eindeutige Verhaltensregeln für die Ehe (vgl. I, 2; S. 23). Noch deutlicher und brutaler sagt es Oskars Gehilfe Havlitschek (vgl. II, 1; S. 46) und sein Verhalten gegenüber Emma zeigt deutlich, dass auch ihre Gefühle für ihn uninteressant sind (vgl. II, 1; S. 45).

Valerie hat zwar aufgrund ihrer finanziellen Absicherung eine gewisse Unabhängigkeit erreicht, aber gefühlsmäßig gehört auch sie zu den Ausgenutzten. Alfred nutzt sie schamlos finanziell aus, um sie dann für eine Jüngere fallen zu lassen. Als Verlierer kommt er zwar zu ihr zurück, aber nur, um sein ursprüngliches Spiel wieder von Neuem zu beginnen. Valeries Gefühle interessieren ihn nur so weit, wie er sie für seine eigenen Zwecke verwenden kann.

98 Bartsch, S. 86

Noch zynischer wird Valerie von Erich ausgenutzt, wobei seine überheblich schmarotzende Art noch viel verletzender und abwertender ist als Alfreds Verhalten (vgl. u. a. III, 3; S. 93). Und auch den „Zauberkönig" interessieren Valeries Gefühle nicht. Sie dienen ihm nur zur Befriedigung der eigenen Bedürfnisse.

> *„Horváth konfrontiert uns [hier] mit [...] [einer] generell verbreiteten Reduktion des Denkens und Fühlens, wie sie purem Egoismus entspringt und deswegen nach außen hin als eine dem Bösen zuarbeitende Gleichmacherin wirkt. Gerade diese fatale Beschaffenheit des Bewusstseins ist es nämlich, die aus der kleinbürgerlichen Idylle und Gemütlichkeit permanent die Hölle auf Erden werden lässt."*[99]

Worum es allen Figuren des Stücks (vielleicht mit Ausnahme Mariannes) wirklich geht, zeigt Horváth plastisch im dritten Bild der „hochkünstlerischen lebendigen Aktplastiken" (III, 1; S. 81) im Kabarett „Maxim". Es hat den bezeichnenden Titel „Die Jagd nach dem Glück":

Jagd nach dem Glück

> *„Eine Gruppe nackter Mädchen, die sich gegenseitig niedertreten, versucht einer goldenen Kugel nachzurennen, auf welcher das Glück auf einem Bein steht – das Glück ist ebenfalls unbekleidet und heißt Marianne."* (III, 1; S. 82)

Dieser Akt ist ein Spiegelbild des Verhaltens der Figuren des Stücks: Alle wollen materielles Glück auf Kosten der anderen erlangen. Während des ganzen Stücks wird permanent gezeigt, wie sie sich auf ihrer Jagd nach dem Glück (oder dem, was sie dafür halten) gegenseitig niedertreten. Der einzige Zweck der gegenseitigen Beziehung ist (mit wenigen Ausnahmen) das Streben nach Geld und Wohlstand (dem Glück?). Alfred hasst

---

99 Buck, S. 381 f.

seine Großmutter, heuchelt ihr aber Zuneigung vor, um von ihr Geld zu erhalten. Auch seine Beziehung zu Valerie hat primär den Zweck, von ihr Geld für seine Pferdewetten zu bekommen.

Dem „Zauberkönig" sind die Gefühle seiner Tochter egal. Er nutzt sie als „Haussklavin" aus und forciert schließlich eine Verbindung Mariannes mit Oskar, um finanziell abgesichert zu sein. Oskar will Marianne besitzen, Valerie erkauft sich ihr Glück (?) bei (jüngeren) Männern. Selbst der Rittmeister versucht sein Glück in der Lotterie.

Aber wie bei dem Aktbild, bei dem Marianne sich als Verkörperung des Glücks unter dem Ansturm der (rücksichtslosen) Glückssucher nicht mehr auf der Kugel halten kann, erjagt auch keine der Figuren des Stücks das Glück. Keinem gelingt es, aus seinem kleinbürgerlichen Leben auszubrechen. Schlussendlich bleibt alles beim Alten, niemand hat das Glück erjagt.

Horváth zeigt in seinem Stück eben auch, dass das Glück nicht zu er**jagen** ist:

> *„Denn die Folge einer Jagd ist immer der Tod, gleich ob es sich um den geistigen Tod der Moral oder um den physischen Tod des kleinen Leopold handelt."*[100]

Totentanz

Als „großen Totentanz" bezeichnet Friedrich Hobek Horváths *Geschichten aus dem Wiener Wald*, „denn [...] in ihm ist der Tod omnipräsent: In ‚maskierter' Form im Bühnenbild der ‚stillen Straße' wie auch in der durchgehenden Kette szenischer und sprachlicher Anspielungen."[101]

Schon gleich zu Beginn des Stückes erweckt Alfred im Streit mit Valerie deren latente Todesängste. Ihr Blick in den Spiegel

100 www.ksluzern.ch/diversicum/arbeiten/horvath-r7b/horvath.htm (Stand: April 2007)
101 Hobek, S. 29

und das Summen von Chopins Trauermarsch (vgl. I, 1; S. 15) kann man als Aufgreifen des ikonografischen Memento-mori-Topos interpretieren: Die Frau erblickt im Spiegel den (ihren) Tod.[102]

Den „Zauberkönig" trifft nach der Nachricht, dass Marianne wegen Diebstahls verhaftet worden sei, beinahe der Schlag und auch am Ende des Stückes befürchtet er einen neuen Schlaganfall (vgl. III, 4; S. 105). Als Marianne und Alfred sich zum ersten Mal sehen und verlieben, arrangiert Marianne gerade ein Skelett. „ Die vermeintlich große Liebe hat ein Gerippe zur Ikone."[103]

Auch die Messer, mit denen Oskar und sein brutaler Gehilfe Havlitschek zu Beginn der Szene I, 2 (S. 16) hantieren, verweisen auf Tod und Gewalt. Die Glocken, die am Ende von II, 6 (S. 67) läuten, nachdem Oskar seiner brutalen Rachefantasie bezüglich Marianne freien Lauf gelassen hat, aber dennoch behauptet, sie zu lieben, können sowohl als Hochzeits- wie als Todesglocken gedeutet werden. Das Ende des Stücks bestätigt diese Interpretation: Marianne wird von Oskar zur Ehe „abgeführt", aber sie ist innerlich tot.

> *„In dieser Welt sind alle vom Tod ‚Gezeichnete'. Sie agieren wie die Figuren einer Typenkomödie, in der ihnen von allem Anfang an ein Stempel ‚aufgedrückt' wird. [...] die Figuren der ‚Geschichten' [werden] durch einen unsichtbaren Stempel als Typen eines Totentanzes bestimmt, denen am Schluss des Stückes die todbringende Großmutter auf der Zither gewissermaßen zum Tanz aufspielt."*[104]

102 Vgl. ebenda, S. 30
103 Ebenda, S. 30
104 Ebenda, S. 31

Es stellt sich aber auch die Frage, inwieweit Individualität in einem solchen Milieu überhaupt möglich ist. Kann bzw. inwieweit kann der einzelne Mensch seinen eigenen Weg gehen, sein Leben nach eigenen Vorstellungen, Idealen und Bedürfnissen einrichten, eigene Entscheidungen treffen, ohne andere Menschen auszunutzen oder ihnen zu schaden oder sie zu verderben? Marianne, die das versucht, scheitert, ihr bleibt ihr eigener Weg verwehrt: Die junge Frau, die „die Grenzen ihrer bornierten Umgebung, die sie in ihrem Willen zur Emanzipation behindern, überschreiten will, um ihr eigenes Bild von der Welt zu entwerfen, muss erfahren, dass sich die Welt leider nicht danach richtet."[105] – Erich steht für die aufkommende Ideologie des Faschismus, der die Individualität des Menschen noch mehr einschränkt und ihn uniformiert und instrumentalisiert.

Musik

Die Musik, die das ganze Stück durchzieht, stammt zumeist aus dem Wiener Bereich: Walzer von Johann Strauß und Heurigen-Lieder. Aber der Himmel hängt nicht voller Geigen, vielmehr scheitern alle Figuren. Die falsche Idylle, die durch die Musik vermittelt wird, kippt im Verlauf des Stückes, bzw. schon im Verlauf der einzelnen Szenen. Zudem „wird durch die ständige Wiederholung [...] der Eindruck unbeschwerter Heiterkeit bewusst entwertet."[106] Die Musik ist als ätzender Kommentar zu verstehen, sie verfremdet und enttarnt. Sie glättet nicht, sondern verstärkt die Kontraste zwischen Schein und Sein: Volkstümliche Zithermusik begleitet die Mordabsichten der Großmutter (vgl. III, 2; S. 90), Oskars romantisches Liebeslied steht im krassen Kontrast zur Wirklichkeit. Er und Marianne sind kein glückliches Paar, der Klapperstorch bringt keinen Segen ins Haus (vgl. I, 3; S. 31 f.).

---

105 Mehring, Martina: *Geschichten aus dem Wiener Wald*, S. 64
106 Ebenda, S. 65

Nichtsdestotrotz gibt es in Horváths Stück viel zu lachen, auf der Bühne und auch beim Publikum. Aber es ist kein befreiendes Lachen, eher ein Lachen, da frierend macht. Es enttarnt die Figuren, etwa den „Zauberkönig", der sich über den Verfall der Sitten aufregt, sich selbst aber kurz darauf als Geruchsfetischist und Voyeur entpuppt (vgl. I, 3; S. 35).
Auch die tragikomische Heurigen-Szene wäre hier zu nennen. Erichs stupides Strammstehen oder das lächerlich larmoyante Erinnerungsgehabe des „Mister" reizen zum Lachen, das aber im Halse stecken bleibt, als der „Mister" sich als brutaler, verklemmter Spießer entpuppt und wenn man sich erinnert, dass Menschen wie Erich eine ganze Welt in Krieg und Chaos gestürzt haben.

Horváths Volksstück *Geschichten aus dem Wiener Wald* will, indem er das Volk auf der Bühne zeigt und enttarnt, das Volk im Publikum „belehren". „Horváths Stücke sind Stücke über das Volk, wie es sich selbst nicht sieht und nicht sehen will."[107]

107 Doppler, Adolf: *Bemerkungen zur dramatischen Form der Volksstücke Horváths*, S. 19

3. Themen und Aufgaben

Die Lösungshilfen beziehen sich auf die auf die Kapitel der vorliegenden Erläuterung.

Thema: Aufbau und Struktur	*Lösungshilfen*
► Zeigen Sie auf, inwieweit sich die Kreisform des Walzers auch in der Struktur und im Aufbau von Horváths Stück *Geschichten aus dem Wiener Wald* zeigt.	2.2, 2.3
► Welche Funktion hat die Regieanweisung *Stille* bzw. *Totenstille*? Beachten Sie dabei sowohl die Auswirkungen auf die Figuren wie auch auf das Publikum.	2.4, 2.5, 2,6

Thema: Sprache und Stil	*Lösungshilfen*
► Wie entlarvt Horváth sprachlich die Doppelmoral und Verlogenheit seiner Figuren? Zeigen Sie Horváths „Technik" an zwei Figuren auf.	2.2, 2.4, 2.6
► Was versteht Horváth unter dem „Bildungsjargon"? Nehmen Sie Stellung zu Horváths „Theorie".	2.6, 5.

Thema: Volksstück	*Lösungshilfen*
▶ Horváth bezeichnet *Geschichten aus dem Wiener Wald* als Volksstück. Arbeiten Sie die Ähnlichkeiten, aber auch die Unterschiede zum traditionellen Wiener Volksstück heraus.	2.7
▶ Horváth versteht sich als „Erneuerer" des Volksstücks, indem er das alte Volksstück „zerstört". Wie hat er diese Behauptung in den *Geschichten aus dem Wiener Wald* umgesetzt?	2.7

Thema: Kleinbürger	*Lösungshilfen*
▶ Skizzieren Sie Horváths Auffassung vom Kleinbürger seiner Zeit.	1.2, 2.6, 2.7
▶ Diskutieren Sie: Ist Horváths Kleinbürgerkritik auch heute noch aktuell?	

Thema: Verhältnis Frauen – Männer	*Lösungshilfen*
▶ Liebt Oskar Marianne wirklich? Arbeiten Sie Oskars Verständnis von Liebe und Ehe heraus und diskutieren Sie seine Vorstellungen.	2.2, 2.4, 2.7
▶ In wieweit kann man Mariannes Liebe zu Alfred als Emanzipationsversuch verstehen? Zeigen Sie, wieso dieser Versuch scheitert.	2.2, 2.4, 2.7
▶ Wieso kann Havlitschek als Alter Ego Oskars verstanden werden? Belegen Sie Ihre Meinung am Text.	2.2, 2.4

Thema: Komödie und Drama	*Lösungshilfen*
▶ Ist *Geschichten aus dem Wiener Wald* ein komisches oder ein tragisches Stück? Begründen Sie Ihre Meinung.	2.7
▶ Wieso bleibt den Zuschauern das Lachen über die Bühnenfiguren im Hals stecken? Diskutieren Sie Horváths Dramentechnik.	2.3, 2.7

4. Rezeptionsgeschichte

Ödön von Horváths *Geschichten aus dem Wiener Wald* wurden am 2. November 1931 am Deutschen Theater Berlin uraufgeführt. Das Stück wurde in Berlin ein großer Publikumserfolg. Die Kritik spiegelte hingegen das Erstarken des nationalsozialistischen Denkens wider: Während die seriöse Kritik Horváths Stück größtenteils positiv beurteilte, wurde es von der nationalen und nationalsozialistischen Kritik gnadenlos verrissen, wobei sich diese „Kritiker" auch vor rassistischen Angriffen auf Horváths Person nicht scheuten.

Zur Uraufführung von 1931

Erich Kästner hob in seiner Kritik in der **Neuen Leipziger Zeitung** vor allem Horváth als Erneuerer des Wiener Volksstücks hervor:

> *„Horváth schreibt hier ein Wiener Volksstück gegen das Wiener Volksstück. [...] er zerstört nicht nur das überkommene Wiener Figurenpanoptikum, er gestaltet ein neues, echteres außerdem."*[108]

Auch **Alfred Polgar** betonte in der **Weltbühne** Horváths Begabung als Dramatiker:

> *„Das ganze bizarre Spiel ist von einer eiskalten Witzigkeit, in der auch das bisschen warmer Atem, das gelegentlich eine oder die andere Figuren von sich gibt, sofort als frostiger Dampf niederschlägt. Die dramatische Begabung Ödön von Horváths erweisen seine ‚Geschichten aus dem Wiener Wald' zwingend. Er sieht scharf und gestaltet mit knappester Ökonomie der Mittel."*[109]

---

108 Neue Leipziger Zeitung, 11. Nov. 1931
109 Die Weltbühne (Berlin), 17. Nov. 1931

Selbst der damals schärfste und gefürchteteste Theaterkritiker **Alfred Kerr** gab im **Berliner Tageblatt** eine wohlwollende Besprechung von Horváths Stück und bezeichnete ihn als einen „hochbegabten Menschen [...] eine junge Kraft mit starken Aussichten", der ironisch die „Legende" der „Kitschlügen um Österreich lüpft", indem er sich über den „Unterschied zwischen dem freundlich übertünchten Äußeren und dem verdammt hintergründigem Inneren ergötzt."[110]
Mit mehr Vorbehalt beurteilte **Monty Jacobs** Horváths Stück in der **Vossischen Zeitung.** Er bezeichnete Horváth zwar als „Talent voll Zukunft", kritisierte aber seine unbarmherzige Darstellung: „Demaskieren ist ein nützliches Vergnügen, aber es tut nicht gut, wenn man dabei mit der Larve auch gleich die Haut herunterreißt."[111]
Für **Kurt Pinthus** ist *Geschichten aus dem Wiener Wald* zwar „kein ausgezeichnetes, aber ein hochbegabtes, das bitterste, das böseste, das bitterböseste Stück neuerer Literatur."[112]

Die rechte Kritik ging hingegen gar nicht auf den Gehalt von Horváths Stück ein, sondern hängte sich (in zum Teil niederster Sprache) an Horváths kritisch-überspitzter Darstellung des Wiener Kleinbürgertums auf, ohne deren Sinn zu erfassen bzw. erfassen zu wollen. So bezeichnete der rechtsgerichtete **Rainer Schlösser** Horváths Stück im **Völkischen Beobachter** als „Unflat ersten Ranges" und betonte den „Schmutz- und Schundgehalt des Machwerks".[113]
Im nationalsozialistischen Blatt **Der Angriff** des Dr. Goebbels wurde *Geschichten aus dem Wiener Wald* als „ein wüst verzerrtes Pamphlet auf Wien" bezeichnet, das „dieses goldene

110 Berliner Tageblatt, 3. Nov. 1931
111 Vossische Zeitung (Berlin), 3. Nov. 1931
112 Berliner 8-Uhr-Blatt, Nov. 1931
113 Völkischer Beobachter, 19. Nov. 1931

Wiener Herz rettungs- und hilflos in der Horváth'schen Jauche ersoff."[114]

Der spätere nationalsozialistische Literaturkritiker **Paul Fechter** benutzte seine Uraufführungskritik in der **Deutschen Allgemeinen Zeitung** auch dazu, die Verleihung des Kleist-Preises an Horváth auf rüdeste Art zu kritisieren. So warf er Horváth vor, als Ungar nicht „in seiner Muttersprache gedichtet, sondern ein ihm fremdes Idiom [nämlich die deutsche Sprache] missbraucht" zu haben und bezeichnete sein Stück als „ungefähr das Dümmste, was je mit dem Anspruch, Literatur zu sein, über die Szene gegangen ist."[115] Bezogen auf die nach Empfehlung Carl Zuckmayers erfolgte Verleihung des Kleist-Preises an Horváth polemisierte er:

> *„Wenn das Qualitäten sind, für die heute Literaturpreise verliehen werden, dann sollte man wenigstens die Namen der Schutzpatrone möglichst schnell von den mit ihnen einst leichtfertig geschmückten Preisen wieder herunternehmen. [...] Zuckmayer wird viele gute Stücke schreiben müssen, bevor er die Krönung dieser Talentlosigkeit wiedergutgemacht hat."*[116]

Kurt Tucholsky konterte diesen polemischen Angriff Fechtners in der **Weltbühne**[117] und auch Horváth distanzierte sich von dem „Sauherdenton", der von einer „gewissen Presse [...] dahergeschrieben wird".[118]

---

114 Zitiert nach Krischke, Traugott: *Ödön von Horváth und seine ‚Geschichten aus dem Wiener Wald' – Beiträge zu Biographie und Werk*, S. 45

115 Deutsche Allgemeine Zeitung (Berlin), 4. Nov. 1931

116 Ebenda

117 Vgl. Die Weltbühne, 10. Nov. 1931, und Schmidjell, S. 95

118 Ödön von Horváth: *Gesammelte Werke*. Kommentierte Werkausgabe in Einzelbänden, Band 11 (1988), S. 213 f.

Rezeption nach 1945

Im Nachkriegsdeutschland geriet Horváth bis in die 1960er Jahre weitgehend in Vergessenheit, während seine Stück in Österreich schon in den ersten Nachkriegsjahren mehrfach aufgeführt wurden. Allerdings geriet die österreichische Erstaufführung von *Geschichten aus dem Wiener Wald* am 1. Dezember 1948 zu einem der größten Theaterskandale der österreichischen Nachkriegszeit, da sich viele Zuschauer, die ein Volksstück in alter Tradition zu besuchen glaubten, über das dargestellte Wien- und Menschenbild äußerst empört zeigten und mit Pfiffen und Zwischenrufen reagierten.

Die österreichische Fernsehinszenierung Erich Neubergs von 1961 wurde im Gegensatz zur Erstaufführung in Wien 1948 gut angenommen, da einerseits durch die genaue zeitliche Festlegung des Stücks zwischen den Weltkriegen die Horváth'sche Kritik entschärft wurde und andererseits die Schauspieler (Hans Moser als „Zauberkönig", Helmut Qualtinger als Oskar etc.) äußerst beliebt waren.

In Deutschland leitete die Inszenierung von *Geschichten aus dem Wiener Wald* am 3. Dezember 1966 an den Münchener Kammerspielen durch Otto Schenk „die bis heute andauernde massive Rezeption Horváths auf deutschen Bühnen ein."[119]

Der berühmte Schriftsteller Peter Handke schrieb eine Prosaversion der *Geschichten aus dem Wiener Wald*, die 1972 unter dem Titel *Totenstille beim Heurigen*[120] erschien. Handke bevorzugt Horváth gegenüber Bertolt Brecht:

> *„Ich ziehe Ödön von Horváth und seine Unordnung und unstilisierte Sentimentalität vor. Die verwirrten Sätze seiner Personen erschrecken mich, die Modelle der Bösartigkeit, der Hilflosigkeit,*

---

119 Schmidjell, S. 98

120 Handke, Peter: *Totenstille beim Heurigen*. In: Peter Handke: Ich bin ein Bewohner des Elfenbeinturms. Frankfurt/M.: Suhrkamp, 1972, S. 217–227

der Verwirrung in einer bestimmten Gesellschaft werden bei Horváth viel deutlicher. Und ich mag diese IRREN Sätze bei ihm, die die Sprünge und Widersprüche des Bewußtseins zeigen, wie man das sonst nur bei Tschechow und Shakespeare findet."[121]

Die Verfilmung der *Geschichten aus dem Wiener Wald* unter der Regie Maximilian Schells von 1979 (hier spielte Qualtinger den „Zauberkönig") in deutsch-österreichischer Koproduktion gab „den wichtigsten rezeptionsfördernden Impuls der letzten beiden Jahrzehnte"[122] des 20. Jahrhunderts.
Bis heute gehören die *Geschichten aus dem Wiener Wald* neben *Kasimir und Karoline* zu den meistgespielten Stücken Horváths, allerdings hat Horváths „Zeitstück"[123] seinen provozierenden Charakter weitgehend verloren.

„So kommen und gehen die Deutungen des Dramas als historisches Gesellschaftsporträt, ebenso wie die Inszenierungen eines allgemeinen Menschenzoos auftauchen und verschwinden. Schließlich sehen wir auf der Bühne den Zeitgeist in Horváths Figuren agieren, und bei der nächsten Inszenierung der ‚Geschichten aus dem Wiener Wald' sind diese Anspielungen wieder passé."[124]

Die heutige Aufführungsproblematik kennzeichnen die Kritiken **Rüdiger Schapers** (Berliner Inszenierung des Stücks von 1995 am Deutschen Theater) in der **Süddeutschen Zeitung** und **Birgit Markwitans** (Trierer Aufführung 2001) im **Trierischen Volksfreund:**

121 Handke, Peter: *Horváth und Brecht*. In: Peter Handke: Ich bin ein Bewohner des Elfenbeinturms. Frankfurt/M.: Suhrkamp, 1972, S. 63 f.

122 Schmidjell, S. 101

123 Ebenda, S. 102

124 Wöhrle, Dieter: *Kommentar*. In: Horváth, Ödön von: Geschichten aus dem Wiener Wald. Volksstück in drei Teilen. Mit einem Kommentar von Dieter Wöhrle. Frankfurt/M.: Suhrkamp, 2001 (Suhrkamp Basisbibliothek 26), S. 133

> *„Die ‚Geschichten aus dem Wiener Wald' haben hier und heute keinen Ort und keine Zeit. Ihr Wien: ein Wolkenkuckucksheim. Ihre drückenden sozialen Probleme: eher arabesk."*[125]

> *„Horváths Konstellation der ökonomischen Abhängigkeit haben sich nach über 70 Jahren gewissermaßen überlebt, sind von vorgestern. [...] Marianne würde sich heute als Kassiererin durchschlagen, statt als ledige Mutter zu verelenden."*[126]

Allerdings sind und bleiben die von Horváth in *Geschichten aus dem Wiener Wald* entlarvten und kritisierten menschlichen (Fehl-)Verhalten, ihr „Gegeneinander-Miteinander, ihre Eintracht auf Basis boshafter Geringschätzung, ihre enge, liebevolle Verbundenheit durch den Kitt wechselseitiger Verachtung"[127], wie es **Alfred Polgar** in seiner Kritik der Erstaufführung schon 1931 nannte, immer aktuell und stellen immer wieder eine Herausforderung an die aktuelle Inszenierungen des Stückes dar (vgl. Kapitel 5 der vorliegenden Erläuterung).

125 Süddeutsche Zeitung (München), 12. Sept. 1995
126 Trierischer Volksfreund, 13. Febr. 2001
127 Die Weltbühne (Berlin), 17. Nov. 1931

5. Materialien

Ödön von Horváth hat sich zur Programmatik seiner Dramaturgie mehrfach geäußert. In einem Interview spricht er auch über sein Verständnis des Volksstückes:

„Ich gebrauchte diese Bezeichnung ‚Volksstück' nicht willkürlich, d. h. nicht einfach deshalb, weil meine Stücke mehr oder minder bayerisch oder österreichisch betonte Dialektstücke sind, sondern weil mir so etwas ähnliches wie die Fortsetzung des alten Volksstückes vorschwebte. – Des alten Volksstückes, das für uns junge Menschen mehr oder minder natürlich auch nur noch einen historischen Wert bedeutet, denn die Gestalten dieser Volksstücke, also die Träger der Handlung haben sich doch in den letzten zwei Jahrzehnten ganz unglaublich verändert. – Sie werden mir nun vielleicht entgegenhalten, daß die sogenannten ewig-menschlichen Probleme des guten alten Volksstückes auch heute noch die Menschen bewegen. – Gewiß bewegen sie sie – aber anders. Es gibt eine ganze Anzahl ewig-menschlicher Probleme, über die unsere Großeltern geweint haben und über die wir heute lachen – oder umgekehrt. Will man also das alte Volksstück heute fortsetzen, so wird man natürlich heutige Menschen aus dem Volke – und zwar aus den maßgebenden, für unsere Zeit bezeichnenden Schichten des Volkes – auf die Bühne bringen. Also: zu einem heutigen Volksstück gehören heutige Menschen, und mit dieser Feststellung gelangt man zu einem interessanten Resultat: nämlich, will man als Autor wahrhaft gestalten, so muß man der völligen Zersetzung der Dialekte durch den Bildungsjargon Rechnung tragen. […] Und um einen heutigen Menschen realistisch schildern zu können, muß ich ihn also dementsprechend reden lassen. Nun hab ich zu meinen Gestalten, wie aber natürlich auch zu jeder Handlung, in puncto ihrer Möglichkeit, sich zu 100 % als soziale Wesen zu entwickeln

und nicht nur zu etablieren, keine positive, eher eine skeptische Einstellung, und dies glaube ich damit am besten zu treffen, indem ich eine Synthese von Ernst und Ironie gebe. Aus dieser Erkenntnis zog ich die Konsequenz. Mit vollem Bewußtsein zerstörte ich das alte Volksstück, formal und ethisch – und versuchte als dramatischer Chronist die neue Form des Volksstückes zu finden."[128]

1931 erhält Ödön von Horváth auf Vorschlag Carl Zuckmayers zusammen mit Erich Reger den renommierten Kleist-Preis. In seiner Begründung für die Verleihung an Horváth gibt Zuckmayer folgende Darstellung des Dramatikers Horváth:

„Horváth scheint mir unter den jüngeren Dramatikern die stärkste Begabung, darüber hinaus, der hellste Kopf und die prägnanteste Persönlichkeit zu sein. Seine Stücke sind ungleichwertig, manchmal sprunghaft und ohne Schwerpunkt. Aber niemals wird sein Ausdruck mittelmäßig, was er macht, hat Format, und sein Blick ist eigenwillig, ehrlich, rücksichtslos. Seine Gefahr ist das Anekdotische, seine Stärke die Dichtigkeit der Atmosphäre, die Sicherheit knappster Profilierung, die lyrische Eigenart des Dialogs. Es wäre ein Missverständnis, ihn für einen Satiriker zu halten, obwohl einzelne seiner Figuren und Situationen satirisch gezeichnet, d. h. von einem kritischen Blickpunkt aus überzeichnet sind. Wesentlich sind aber bei ihm nicht diese Momente, sondern das Weltbild und seine künstlerische Umschmelzung. Es ist anzunehmen, dass er der dramatischen Kunst, die immer und ohne Einschränkung eine Menschenkunst und eine Sprachkunst bleibt, neue, lebensvolle Werte zuführen wird."[129]

---

128 Horváth, Ödön von: *Interview*. In: Ödön von Horváth: Gesammelte Werke. Kommentierte Werkausgabe in Einzelbänden, Band 11 (1988), S. 200 f.

129 Zuckmayer, Carl: *Aufruf zum Leben. Porträts und Zeugnisse aus bewegten Zeiten*, S. 214

Wie man heute Horváths *Geschichten aus dem Wiener Wald* auch inszenieren kann, zeigt Barbara Freys in Koproduktion mit dem Bayrischen Staatsschauspiel entstandene Salzburger Inszenierung des Stücks von 2005:

„[...] Jetzt aber, als Marianne am Ende ist, stellt Oskar, der damals an der Donau gesagt hatte: ‚Mariann, du wirst meiner Liebe nicht entgehen', sich als der Meistbietende heraus: an Gefühl. An Verständnis. An Liebe. [...]
Der Sauabstecher, Blutwurstmacher und Schweinsdarmfüller, dessen geflügeltes Wort seit der Uraufführung von Ödön von Horváths ‚Geschichten aus dem Wiener Wald' vor vierundsiebzig Jahren als die unheimlichste aller Drohungen auf dem Theater Karriere gemacht hat, kniet auf der Bühne des Salzburger Landestheaters und eröffnet die Festspiele mit einem kleinen Wunder. Er hat Marianne im Arm, streicht ihr schmetterlingsleicht übers Haar, redet zu ihr von Gott und von der Liebe und von Trost, leise, innig, demütig, als zupfe er zart an einer Seelensaite. Und erzeugt da einen Menschenton, den man von Oskar bisher nicht nie gehört hat.
Der Schauspieler Thomas Loibl macht aus der großen Bestie einen zarten Wurm. [...] [Er] überführt das alte Klischee vom herzlosen Gefühlsschlachter in eine Schlacht um Gefühle. Und das Schlachtfeld ist sein Herz. [...]
Und Marianne, die arme, verratene und verkaufte, ausgebeutete Marianne, sitzt hier in Juliane Köhlers Gestalt unzerstörbar, stolz, ein wenig zickig zwar, aber groß und selbstbewusst auf dem Boden. Sie war zuvor auch gern in die Luft gesprungen, hatte sich den Alfred gegriffen wie einen reifen Apfel, war ihrem Vater, dem Zauberkönig und Scherzartikelhändler, übern Mund gefahren. Und Lambert Hamel verkörpert und vertanzt und verspielt diesen Papa-Bürger nicht als Spießer bis hin zum Schlaganfall.

Er gibt ihm die Würde eines wilden, bärenhaft albernen alten Kindes, […] ein Gottvater auf Erden, den der Teufel am Wickel hat. Und der darüber meckernd lacht. […] Man sieht hier Menschen ohne Überbau.

[…] Kein Kitsch. Kein Anti-Kitsch. Das reine Wesen. Auch [Marianne] tut nur, was sie sagt. Das ist bei Horváth schon eine Sensation.

[…] Die Inszenierung von Barbara Frey […] nimmt Horváth nicht beim Unwort – sondern beim Wort. Sie glaubt seinen Figuren mehr, als Horváth ihnen glaubt. Eine sarkastische Texttreue führt zu einer der intelligentesten Wider-den-Strich-Bürstereien seit Spielzeiten. Es wird nicht inszeniert, was gemeint sein könnte, sondern was gesagt wird. Es wird nichts entlarvt. Es wir nur aus vollen Worten gelebt. Es werden keine Bestien vorgeführt, die sich maskieren mit Kitsch- und Sentimentworthülsen. Es werden Menschen gezeigt, die sich um das bisschen winden, das ihnen bleibt an Leben und Liebe. Komisch verschlungenes Gewürm. Die Regisseurin entwickelt zu diesem Geschlinge eine hinreißende Zutraulichkeit, die sie allenfalls durchs Ambiente ironisch dämpft."[130]

130 Stadelmaier, Gerhard: *Liebe der Lebenswürmer*. In: FAZ, 26. Juli 2005

LITERATUR

Ausgaben:

Horváth, Ödön von: *Geschichten aus dem Wiener Wald. Volksstück in drei Teilen.* Mit einem Kommentar von Dieter Wöhrle. Frankfurt/M.: Suhrkamp, 2001 (Suhrkamp Basisbibliothek 26) *(Nach dieser Ausgabe wird zitiert.)*

Horváth, Ödön von: *Gesammelte Werke. Kommentierte Werkausgabe in Einzelbänden.* Hrsg. von Traugott Krischke unter Mitarbeit von Susanna Foral-Krischke. Frankfurt/M.: Suhrkamp, 1983 ff.

Lernhilfen, Kommentare, Arbeitsmaterial für Schüler:

Hobek, Friedrich: *Ödön von Horváth „Geschichten aus dem Wiener Wald".* Frankfurt/M.: Verlag Moritz Diesterweg, ^{2}1999 (Grundlagen und Gedanken zum Verständnis des Dramas). *(Materialreiche Interpretation verschiedener Aspekte des Stücks)*

Sekundärliteratur:

Bartsch, Kurt: *Ödön von Horváth.* Stuttgart, Weimar: Metzler, 2000 (Sammlung Metzler, Band 326).

Buck, Theo: *Ödön von Horváths „Geschichten aus dem Wiener Wald".* In: Interpretationen. Dramen des 20. Jahrhunderts, Band 1. Stuttgart: Philipp Reclam jun., 1996, S. 373–398 (Reclam Universal-Bibliothek Nr. 9460).

Doppler, Adolf: *Bemerkungen zur dramatischen Form der Volksstücke Horváths*. In: Kurt Bartsch, Uwe Baur, Dietmar Goltschnigg (Hrsg.): Horváth-Diskussion. Kronberg/Ts.: Scriptor, 1976, S. 11–21 (Monographien zur Literaturwissenschaft Bd. 28).

Emrich, Wilhelm: *Die Dummheit oder Das Gefühl der Unendlichkeit*. In: Traugott Krischke (Hrsg.): Materialien zu Ödön von Horváth. Frankfurt/M.: Suhrkamp, 1970, S. 139–147 (edition suhrkamp Bd. 436)

Ensslen, Klaus: *Kasimir und Karoline*. In: Kindlers Literatur Lexikon im dtv, Band 12. München: Deutscher Taschenbuch Verlag, 1974, S. 5175.

Fritz, Axel: *Ödön von Horváth als Kritiker seiner Zeit. Studien zum Werk in seinem Verhältnis zum politischen, sozialen und kulturellen Zeitgeschehen*. München: List, 1973 (List-Taschenbücher der Wissenschaft Bd. 1446).

Gamper, Herbert: *Horváths komplexe Textur. Dargestellt an frühen Stücken*. Zürich: Ammann, 1987.

Glaser, Hermann: *Ab mit ihr. Ehe die toten Seelen töteten. Zur deutschen Spießer-Ideologie*. In: Traugott Krischke (Hrsg.): Horváths „Geschichten aus dem Wiener Wald". Frankfurt/M.: Suhrkamp, 1983, S. 68–83 (suhrkamp taschenbuch materialien Bd. 2019).

Haag, Ingrid: *Zeigen und Verbergen. Zu Horváths dramatischem Verfahren*. In: Traugott Krischke (Hrsg.): Horváths „Geschichten aus dem Wiener Wald". Frankfurt/M.: Suhrkamp, 1983, S. 138–153 (suhrkamp taschenbuch materialien Bd. 2019).

Hell, Martin: *Mord und k. o.-Schlag. Die „süße" Brutalität in Horváths Dramen. Sentimentalität vornehmlich in den „Geschichten aus dem Wiener Wald"*. In: Traugott Krischke (Hrsg.): Horváths „Geschichten aus dem Wiener Wald". Frankfurt/M.: Suhrkamp, 1983, S. 84–115 (suhrkamp taschenbuch materialien Bd. 2019).

Hollmann, Hans: *Einige Grundsätze für künftige Horváth-Regisseure*. In: Dieter Hildebrandt, Traugott Krischke (Hrsg.): Über Ödön von Horváth. Frankfurt/M.: Suhrkamp, 1972, S. 96–101 (edition suhrkamp Bd. 584).

Kastberger, Klaus (Hrsg.): *Vampir und Engel. Zur Genese und Bedeutung der Fräulein-Figur im Werk Ödön von Horváths*. Wien: Praesens, 2006.

Kastberger, Klaus (Hrsg.): *Ödön von Horváth. Unendliche Dummheit – dumme Unendlichkeit.* Mit einem Dossier *Geborgte Leben. Horváth und der Film*, zusammengestellt von Evelyne Polt-Heinzl und Christine Schmidjell. Wien: Zsolnay, 2001.

Krischke, Traugott: *Ödön von Horváth. Kind seiner Zeit*. München: Heyne, 1980 (Heyne-Biographien Bd. 71).

Krischke, Traugott (Hrsg.): *Horváths „Geschichten aus dem Wiener Wald".* Frankfurt/M.: Suhrkamp, 1983 (suhrkamp taschenbuch materialien 2019).

Krischke, Traugott (Hrsg.): *Materialien zu Ödön von Horváths „Geschichten aus dem Wiener Wald".* Frankfurt/M.: Suhrkamp, ^{2}1978 (edition suhrkamp 533).

Krischke, Traugott: *Ödön von Horváth und seine „Geschichten aus dem Wiener Wald" – Beiträge zu Biographie und Werk.* In: Ders. (Hrsg.): Horváths „Geschichten aus dem Wiener Wald". Frankfurt/M.: Suhrkamp, 1983, S. 28–67.

Krischel, Volker: *Erläuterungen zu Ödön von Horváth: „Jugend ohne Gott".* Hollfeld: C. Bange Verlag, [3]2007 (Königs Erläuterungen und Materialien Bd. 400).

Mehring, Martina: *Geschichten aus dem Wiener Wald.* In: Walter Jens (Hrsg.): Kindlers Neues Literatur Lexikon, Band 8. München: Kindler Verlag, 1990, S. 64 f.

Mennemeier, Franz Norbert: *Modernes deutsches Drama. Kritiken und Charakteristiken.* Band 2: *1933 bis zur Gegenwart.* München: Wilhelm Fink Verlag, 1975 (UTB Germanistik 425).

Nolting, Winfried: *Drama des Tonfalls. Individualität und Totalität Horváthscher Sprachdarstellung in den „Geschichten aus dem Wiener Wald".* In: Traugott Krischke (Hrsg.): Horváths „Geschichten aus dem Wiener Wald". Frankfurt/M.: Suhrkamp, 1983, S. 116–137.

Pichler, Meinrad: *Von Aufsteigern und Deklassierten. Ödön von Horváths literarische Analyse des Kleinbürgertums und ihr Verhältnis zu den Aussagen der historischen Sozialwissenschaft.* In: Friedbert Aspetsberger (Hrsg.): Österreichische Literatur seit den zwanziger Jahren. Beiträge zu ihrer historisch-politischen Lokalisierung. Wien: Österreichischer Bundesverlag und Institut für Österreichkunde, 1979, S. 55–67 (Schriften des Institutes für Österreichkunde 35).

Rinsum, Annemarie u. Wolfgang van: *Interpretationen. Dramen.* München: Bayerischer Schulbuch-Verlag, 3., überarb. Aufl. 1991.

Schmidjell, Christine: *Erläuterungen und Dokumente. Ödön von Horváth „Geschichten aus dem Wiener Wald".* Stuttgart: Philipp Reclam jun., 2000 (Reclam Universal-Bibliothek Nr. 16016).

Schneider, Hansjörg: *Ödön von Horváth – Dichter der Zwischenkriegszeit*. In: Traugott Krischke (Hrsg.): Horváths „Geschichten aus dem Wiener Wald". Frankfurt/M.: Suhrkamp, 1983, S. 9–27.

Schnitzler, Christian: *Der politische Horváth. Untersuchungen zu Leben und Werk*. Frankfurt/M. u. a.: Lang, 1990 (Marburger germanistische Studien; Bd. 11).

Wapnewski, Peter: *Ödön von Horváth und seine „Geschichten aus dem Wiener Wald"*. In: Traugott Krischke (Hrsg.): Materialien zu Ödön von Horváths „Geschichten aus dem Wiener Wald". Frankfurt/M.: Suhrkamp, ^{2}1978, S. 10–43 (edition suhrkamp 533).

Wertheimer, Jürgen: *Horváth lesen lernen. „Geschichten aus dem Wiener Wald" im Unterricht*. In: Traugott Krischke (Hrsg.): Horváths „Geschichten aus dem Wiener Wald". Frankfurt/M.: Suhrkamp, 1983, S. 154–176.

Rezensionen:

Fechtner, Paul: *Ödön von Horváth „Geschichten aus dem Wiener Wald.* In: Deutsche Allgemeine Zeitung (Berlin) vom 4. November 1931.

Jacobs, Monty: *Geschichten aus dem Wiener Wald.* In: Vossische Zeitung (Berlin) vom 3. November 1931.

Kästner, Erich: *Volksstück mit doppeltem Boden*. In: Neue Leipziger Zeitung vom 11. November 1931.

Kerr, Alfred: *Ödön von Horváth: „Geschichten aus dem Wiener Wald".* In: Berliner Tageblatt vom 3. November 1931.

Markwitans, Birgit: *Nur wer Geld hat, hat auch Liebe*. In: Trierischer Volksfreund vom 13. Februar 2001.

Pinthus, Kurt: *Geschichten aus dem Wiener Wald*. In: Berliner 8-Uhr-Blatt vom November 1931.

Polgar, Alfred: *Geschichten aus dem Wiener Wald*. In: Die Weltbühne (Berlin) vom 17. November 1931.

Schapers, Rüdiger: *Die Lust der walzenden Witwe*. In: Süddeutsche Zeitung (München) vom 12. September 1995.

Schlösser, Rainer: *Der Kleistpreisrummel. Ein Musterbeispiel neudeutscher Propaganda-Praktiken*. In: Völkischer Beobachter vom 19. November 1931 (Beiblatt der 323. Ausgabe).

Stadelmeier, Gerhard: *Liebe der Lebenswürmer*. In: Frankfurter Allgemeine Zeitung vom 26. Juli 2005.

Tucholsky, Kurt: *Antworten. Nationaler Mann*. In: Die Weltbühne (Berlin) vom 10. November 1931.

Sonstige Literatur:

Handke, Peter: *Totenstille beim Heurigen*. In: Peter Handke: Ich bin ein Bewohner des Elfenbeinturms. Frankfurt/M.: Suhrkamp, 1972, S. 217–227

Kernbauer, Hans, Weber, Fritz. *Von der Inflation zur Depression. Österreichs Wirtschaft 1918–1934*. In: Emmerich Tálos, Wolfgang Neugebauer (Hrsg.): Austrofaschismus. Beiträge über Politik, Ökonomie und Kultur 1934–1938. Wien: Verlag für Gesellschaftskritik, 4., ergänzte Aufl. 1988, S. 1 ff. (Österreichische Texte zur Gesellschaftskritik; 18)

Tismar, Jens: *Das deutsche Kunstmärchen des 20. Jahrhunderts*. Stuttgart u. a.: Metzler, 1981 (Germanistische Abhandlungen 51).

Zuckmayer, Carl: *Aufruf zum Leben. Porträts und Zeugnisse aus bewegten Zeiten*. Frankfurt/M.: S. Fischer Verlag, 1976.

Materialien aus dem Internet:

Im Internet findet man unter dem Stichwort Ödön von Horváth: *Geschichten aus dem Wiener Wald* eine Menge Material unterschiedlichster Qualität. Im Folgenden einige interessante Seiten, die auch bei der Erstellung dieser Erläuterungen benutzt wurden.

http://pupil.gymb.unibas.ch/merklis/lang.html
(Interessante Untersuchung von „Geschichten aus dem Wiener Wald" durch Schüler der Klasse 4s des Schweizer Gymnasiums Bäumlihof)

http://www.ksluzern.ch/diversicum/arbeiten/horvath-r7b/horvath.htm
(Ausführliche aspektorientierte Untersuchung von Horváths Stück durch die Klasse R7b des Gymnasiums Luzern/Schweiz)

http://de.wikipedia.org/wiki/Geschichten_aus_dem_Wiener_Wald
(Artikel der freien Enzyklopädie Wikipedia)

http://www.hak-graz.at/tele1/Kroutil/Horvath.doc
(Ausführliche Abhandlung über das Wiener Volksstück)

http://www.zum.de
(Hier findet man u. a. interessante Aussagen zu Horváths Volksstücken.)

http://www.literaturhaus.at/autoren/H/horvath/
(Informationen des Literaturhauses Wien über Horváth)

http://www.ub.fu-berlin.de/internetquellen/fachinformation/germanistik/autoren/multi_fgh/horvath.html
(Eine ausgezeichnete Linksammlung zu Leben und Werk Horváths bietet die Homepage der Universitätsbibliothek der FU Berlin.)

(Aus diesen Internetseiten wurde zum Teil zitiert. Auch wenn Links sich im Laufe der Zeit als nicht mehr gültig herausstellen, müssen sie im Rahmen des Urheberrechts dennoch aufgeführt werden.)

Verfilmungen von Ödön von Horváths *Geschichten aus dem Wiener Wald*

G'schichten aus dem Wienerwald
Regie: Georg Jacoby, Österreich 1934

Geschichten aus dem Wienerwald
Regie: Erich Neuberg, Österreich 1961 (Fernsehfilm)

Geschichten aus dem Wiener Wald
Regie: Maximilian Schell, BRD/Österreich 1979

Geschichten aus dem Wiener Wald
Regie: Martin Kušej, Deutschland 1999 (Fernsehfilm)